上海交通大学文科创新团队培育计划项目"中国文化国际传播"（项目号：WKCX003）、
上海市教育委员会科研创新计划人文社科重大项目（项目号：2021-01-07-00-02-E00126）阶段性成果

全球媒介环境下的
城市形象和出版实践

王大可　著

Research on City Image and Publishing Practice
in the Global Media Environment

上海交通大学出版社
SHANGHAI JIAO TONG UNIVERSITY PRESS

内容提要

本书分上下两编。上编主要基于 Factiva 道琼斯新闻数据库资源,综合采用内容分析和话语分析研究方法,探讨了全球多语种媒体建构中国形象的整体趋势、议程分析和框架特征,提出加强中国形象国际传播能力的思考和建议。下编主要基于国家图书馆馆藏数据,以"一带一路"主题图书、应急管理主题图书等为典型案例,探讨了主题图书出版的发展态势和内容特征,构建了提升主题图书出版的对策建议。

本书适合传媒专业师生及从业者参考阅读。

图书在版编目(C I P)数据

全球媒介环境下的城市形象和出版实践 / 王大可著
. — 上海:上海交通大学出版社,2023.12
ISBN 978 - 7 - 313 - 29978 - 9

Ⅰ.①全… Ⅱ.①王… Ⅲ.①城市—形象—研究—中国 Ⅳ.①F299.2

中国国家版本馆 CIP 数据核字(2023)第 243741 号

全球媒介环境下的城市形象和出版实践
QUANQIU MEIJIE HUANJINGXIA DE CHENGSHI XINGXIANG HE CHUBAN SHIJIAN

. . . .

著　　者:王大可			
出版发行:上海交通大学出版社		地　　址:上海市番禺路 951 号
邮政编码:200030		电　　话:021 - 64071208
印　　刷:苏州市古得堡数码印刷有限公司		经　　销:全国新华书店
开　　本:710mm×1000mm　1/16		印　　张:10.75
字　　数:163 千字			
版　　次:2023 年 12 月第 1 版		印　　次:2023 年 12 月第 1 次印刷
书　　号:ISBN 978 - 7 - 313 - 29978 - 9			
定　　价:69.00 元			

前　言

　　2016 年，为推进上海国际文化大都市建设，上海市哲社办发布了"推进上海国际文化大都市建设研究"系列课题，其中包含"上海建设现代化大都市'短板'问题"研究等 8 个子课题。作为子课题 3 个核心成员，笔者参与了"加强和提升上海国际传播能力建设问题的研究"，并分别在《对外传播》和《新媒体与社会》上发表《后世博时代上海国际传播能力建设的实践与探索》和《基于效果评估的城市形象全球传播能力提升策略与路径——以上海为典型案例的考察》。这便是本书第一章和第三章的来源。

　　此后，由于认识到全球媒介是塑造国家形象的主要载体，笔者又围绕若干案例，对全球媒介建构中国形象的特点和趋势进行了一些探索性分析，相关主题囊括全球媒体对中国城市形象的建构与传播、全球媒体对中国主办国际峰会形象的建构与传播、全球媒体对中国区域形象的建构与传播等。在这些分析中，笔者主要采用的数据来源是道琼斯和路透社共同发起建立的 Factiva 全球新闻数据库。该数据库是目前世界上收录新闻报道最广泛的数据库之一，共整合了全球约 160 个国家、超过 20 种语言的 10 000 多种权威信息来源。借助 Factiva 数据库，可以较为方便地对全球媒体建构中国形象的特征、趋势进行基本的统计分析。

　　如果说全球媒体是建构和传播中国形象的主要载体，那么出版产品就可以说是传播中国声音的重要凭借。2015 年 3 月，我国发布了《推动共建丝绸之路经济带和 21 世纪海上丝绸之路的愿景与行动》,标志着"一带一路"正式进入全球行动阶段。作为对国家倡议的响应,当年国内出版界积极推动"一带一路"主题图书出版,因此,笔者在 2016 年春,撰写了《2015 年"一带一路"出版工作述评》,发表在《科技与出版》。因为这个机缘,2016 年春夏之交,时为《科技与出版》编辑的付老师又约写一篇关于"一带一路"图书出版的文章,唯一的要求是希望能有一些统计分析,相对直观地呈现"一带一路"图书出版的基本态势,后来这篇文章以《中国出版助力"一带一路"的趋势与对策研究——基于"一带一路"图书出版的实证研究》发表了。在这篇文章中,笔者的数据来源主要来自国家图书馆馆藏数据库。作为国家总书库,国家图书馆在"十二五"规划中提出了把国图打造成为"国家文献资源总库"的建设目标,通过深度贯彻"中文求全""国内出版物求全"的采选方针,保持了世界中文文献最全的大馆地位,因此,相对而言,国家图书馆馆藏数据库中的中文图书信息是比较全面的。

后来,在这些工作的基础上,又叠加了人工智能浪潮和新冠肺炎疫情的冲击,笔者又尝试做了人工智能主题图书出版分析、公共卫生主题图书出版分析、应急管理图书出版分析,并写作了《数字时代救灾应急出版的传承与新变》等专题文章。上述这些文章大多发表在《中国编辑》《出版科学》《编辑之友》等期刊,特此向相关编辑老师致谢。

目　录

附　录

上　编

第一章

上海国际传播能力建设的实践与探索

第一节　强化主动意识，变革传播理念

　　2010 年世博会召开前后，上海紧扣世博主题，纵向联动、横向协作，开展了一系列旨在增强世博国际影响力，提升上海全球城市形象的国际传播与文化交流活动，初步构建了多元融合的"大外宣"格局。世博后，上海认真学习中央外宣工作指示精神，系统总结世博外宣经验，在国际文化大都市建设的大背景下，着力加强和提升上海国际传播能力建设，实现了巩固世博外宣成果，进一步提升上海国际影响力的既定目标。

一、认清国际传播能力建设的历史使命

　　世博后，上海市主要领导坚持把提升文化的国际影响力、竞争力作为布局上海文化发展规划的着力点。"传播力决定影响力"，上海市领导多次要求把宣传思想文化工作摆在更加重要的位置，纳入经济社会发展总体规划，牢牢建立文化领导权和舆论主动权。在上海文化战线调研时，上海市领导反复强调做文化传媒要有灵魂，应始终牢记文化和传媒体制改革要与建设上海这座国际文化大都市相适应，与中国在国际上的影响力相适应，为上海与国家的发展营造良好的国际舆论环境，为我国国际话语权的提升做出更大贡献。上海市主要领导高度重视国际传播能力建设，在多个场合表示，上海建设国际文化大都市、提升文化软实力的关键就是要加强国际文化交流合作，让上海真正成为全球文化传播网络的重要节点。

二、承担国际传播能力建设领导责任

习近平总书记指出,做好宣传思想工作,不仅宣传部门"守土有责、守土负责、守土尽责",各级党委负责人和主要领导也要"承担起政治责任和领导责任,切实解决不想抓、不会抓、不敢抓的问题"。按照党中央和国务院的统一部署,上海市委不仅积极推动上海开放型经济发展,为增强上海国际传播能力打造良好外部环境,还加快推进上海新闻出版广播电视企事业单位深度融合、创新转型,使其成为新形势下上海国际传播的重要阵地。上海宣传部门在坚持正确导向的前提下,努力学习互联网传播规律,提高全市各级干部互联网媒介素养,花大力气解决外宣工作"不想抓、不会抓、不敢抓"的问题。

三、"全党动手"加强国际传播事业

此外,上海在国际传播能力建设中还坚持把外宣工作同"行政管理、行业管理和社会管理"等各项工作"更加紧密地结合起来"①。上海市委宣传部以习近平总书记系列重要讲话精神为指引,积极探讨新媒体环境下传播上海国际城市形象的方式方法,通过着力打造"城市品牌"、实施"城市品牌"工程、推进国际友好城市形象片交换播映等活动,有效提升了上海的国际知名度。一些与外宣工作联系相对较弱的部门,如上海地方志办公室、上海市档案局等部门也结合自身实际,不仅主动向世界知名图书馆和大学赠送《上海年鉴》,使其成为外部世界认识上海、感知上海的优秀文化产品,还围绕上海历史文化特色策划面向国际受众的档案展览——其中"泰戈尔与中国"展永久落户泰戈尔大学,获上海市对外宣传"银鸽奖",为上海文化的国际传播开辟了崭新路径。

第二节　发展文化贸易,夯实传播基础

一、构建文化外贸支撑体系

党的十八大做出了"扩大对外文化贸易""以贸易和投资的形式推动文化走

---

① 史安斌,钱晶晶.习近平外宣思想初探[J].对外传播,2015(11).

出去",增强我国的国际话语权和国际传播能力的战略部署。在此背景下,上海制定执行了《上海市版权"走出去"扶持资金管理办法》《关于促进上海电影发展的若干政策》等一系列促进本市对外文化贸易发展的文件,为促进上海文化创意产业创新发展、扩大上海对外文化贸易规模并优化其结构、推动上海文化企业和文化项目"走出去"提供了政策、资金、金融以及人才方面的有力保障。

二、提升对外文化贸易能级

借力政策东风,近年来,上海对外文化贸易总量和出口额均保持可喜增长态势。2009 年,上海市文化产品和服务的进出口总额为 132.77 亿美元,至2013 年,进出口总额已增至 159.6 亿美元,年均增幅约 4.7％。在总量增长的同时,上海对外文化贸易的结构也在不断优化,文化产品的进出口总量有所下降,文化服务的进出口总量不断上升,2015 年,上海文化服务类进出口贸易总量已经占到了全年文化贸易总量的 41.35％。此外,在与美国、日本、英国、加拿大以及中国香港、中国台湾的文化贸易中,上海均处于贸易顺差状态,进一步印证了上海文化贸易的国际影响力。

三、做大国际文化贸易主体

在扩大文化贸易规模的同时,上海也十分注重打造文化信息、创意设计、游戏和动漫版权等领域的文化品牌,培育文化创意产业与设计服务企业的国际竞争力。2013—2014 年度,上海新闻出版发展有限公司、上海世纪出版集团、上海五岸传播有限公司、上海炫动传播股份有限公司等 35 家文化企业和中国上海国际艺术节演出交易会、中国非物质文化遗产国际战略交流服务平台等多个文化项目被认定为国家文化出口重点企业、重点项目。

四、拓宽对外文化贸易渠道

上海充分发挥外高桥国际对外文化贸易基地优势,扩大上海自贸区文化服务开放试验,不仅有效提升了上海对外文化贸易水平,也为同时期上海国际传播能力建设打造了新的平台。仅 2016 年,国家对外文化贸易基地就对接或筹划了 20 余项国际拓展项目,其中既包括传统的展会项目如美国洛杉矶艺术展、中国香港国际电影展等,也包括基于"一带一路"倡议的美国演艺出品人年会、韩国釜山艺术博览会,还包括文化版权贸易重点展会如中国香港国际授权展、美国国际品牌授权博览会等。这些展会及平台项目不仅为国内外文化企业的交流合作提供了良好的机遇和广阔的平台,也为富于中国特色文化产品借助文化贸易的渠道进入国际舞台,更好发挥其承载的讲好中国故事的功能创造了条件。

第三节　紧抓融合创新,打造外宣媒体

一、推进国际传播平台建设

"国际传播能力建设的核心是打造具有国际影响力的品牌媒体。"[1]上海已拥有《上海日报》、上海外语频道以及一条能提供 10 多种国际语言服务的对外信息服务热线等三个主要外宣媒体,这三家媒体也已初步构建形成涵盖传统媒体和新兴媒体的立体式媒介格局。上海不仅把促进外宣媒体发展纳入国际文化大都市建设的整体格局,还通过文化发展基金会等机构的运作为外宣媒体提供充足的资金保障。此外,上海还连续多年举办"上海对外传播媒体采编人员海外培训班",为上海外宣媒体培养了大批骨干型人才。目前,上海外宣媒体已成为上海本地事务国际报道的重要消息源。

二、加强国际传播媒介内容建设

习近平总书记在《人民日报·海外版》创刊 30 周年之际作出重要批示,要求《人民日报·海外版》及我国外宣媒体加强国际传播内容建设,"用海外读者乐于接受的方式、易于理解的语言,讲述好中国故事,传播好中国声音。"在这一方面,上海外宣媒体也作了不少有益探索。从 2012 年起,上海外语频道每年推出以上海及中国传统文化为内核的"洋春晚"综艺外宣节目。为提升"洋春晚"的收视率,上海外语频道不仅大力拓展线上线下多元渠道,更围绕"人性""情感""爱"等主题在节目设置和内容编排上下功夫,有效突破了中国文化国际传

---

① 李希光,郭晓科.主流媒体国际传播力及提升路径[J].重庆社会科学,2012(08).

播中经常遭遇的文化壁垒。《上海日报》注重以年轻化视角展开社会热点事件的新闻叙述,并通过设置趣味专栏并加强深度解读消除文化差异带来的传播障碍,较为成功地摸索出一整套重解释、轻说教的国际新闻"软"报道模式。

三、深化与国内外顶尖传媒集团的合作

针对常驻上海境外媒体数量较多的情况,上海探索建立"感知上海"和"网上国际新闻中心"两个线上线下相呼应的工作平台,为境外记者对上海的报道提供即时权威的新闻信息。此外,上海市外宣办还经常组织境外记者采访上海重大事件和著名机构。据统计,2013 年,上海共组织驻沪境外记者集体采访 13 次,2014 年亚信峰会期间,分别组织境外媒体对上海自贸区、中国商飞公司进行专题采访①。上海广播电视台推出"SMG 智造"平台,不仅与 BBC、迪士尼等国际传媒巨头的合作推出《诞生在中国》《地球 2》《海岸中国》等优秀影视节目,还借助这些传媒平台实现更广泛的全球传播。

第四节　发挥地方优势,拓宽传播渠道

一、发挥外事平台集聚优势,全力塑造全球城市形象

上海是一座开放度高,国际交流和外事活动极为频繁的城市。目前,上海有外国驻沪总领馆超过 60 多家。多年来,上海市政协每年召开针对驻沪领事官员"情况通报会",既有助于外方人员获得有关上海情况的直接信息,也建立了中外良好沟通的有效渠道。此外,上海市政协还定期开展外籍商务人士在沪生活满意度调查,并根据外籍人士对上海城市形象、生活环境便利程度等方面的反馈意见撰写咨询报告,提交相关政府部门决策参考。

二、发挥出版资源集聚优势,多方推动出版"走出去"

出版物是讲好中国故事、促进中外民心相通的最佳载体之一②。"十二五"

---

① 任晶晶.上海市外宣工作的有益探索[J].对外传播,2015(02).
② 王大可.中国出版助力"一带一路"的趋势与对策研究[J].科技与出版,2016(10).

期间,在"上海翻译出版促进计划"等的推动下,上海大力推动出版领域的国际合作和版权贸易,探索多种手段、多种渠道扎实推进"走出去"战略,为世界阅读上海、阅读中国搭起图书之桥。上海世纪出版集团近年来加强同赫斯特集团、培生教育集团等国际知名出版集团合作,积极参与法兰克福书展、伦敦国际书展等国际大型图书博览会,版权输出数量逐年递增。因为这些成绩,2010 年以来,上海世纪集团先后被新闻出版广电总局授予"版权输出先进奖"、"走出去"先进单位、"国际文化出口重点企业"等荣誉称号。除了一般性的出版走出去,上海还利用专业出版、学术出版资源丰富的优势,大力推动学术出版"走出去"。2015 年,上海交通大学出版社主持召开第三届中国学术出版"走出去"高端论坛,推动发布了中国学术出版"走出去"的上海共识,宣布要以在全世界出版和传播当代中国学术精品为己任,提升中国学术成果在国际上的影响力,让中国形象在世界范围内得到更好的展示和理解。2013 年,上海交通大学出版社又召开了新的一届中国学术出版"走出去"高端论坛,把这一事业带上了一层新的台阶。

三、发挥文教资源集聚优势,积极参与国际文化、教育与学术交流

上海是全国高校、科研院所和文化机构最为集中的城市之一。通过鼓励相关文教机构举办或参加国际文化、教育与学术交流活动,上海有效拓展了国际传播与文化交流的领域。当前,电影产业是中国最具国际竞争力的文化产业之一。2014 年,借助中国电影在国际上崛起的契机,上海推动成立温哥华电影学院。通过引进并加深与北美电影教育交流合作,温哥华电影学院为实现电影产业和电影教育的融合对接,提升上海与中国电影的国际竞争力,推动电影"走出去"奠定了教育和人才基础。

四、发挥会展资源集聚优势,打造系列重要国际展会

上海举办了上海国际电影节、上海国际艺术节、上海国际服装文化节、上海书展、中国国际动漫游戏博览会等国际文化展会活动,吸引来自世界各地的参展商、游客和观众,成交额屡创新高。此外,上海文化企业还积极开拓海外展会市场。2016 年,上海组织辖区内文化企业、文化剧团参加了洛杉矶基于数字、

美国 NBA 展、美国演艺出品人年会、中韩文化产业交流会、香港国际授权展等多个专业展会，相关文化节目如上海木偶剧团的大型皮影戏《花木兰》、上海杂技团《秦俑情》《云起龙腾》等原创杂技节目分别获得了国际木偶艺术节"特别奖"和中国国际马戏节金虎奖等重要奖项。通过一系列国际文化展会活动，上海不仅推动了一批中国文化企业、产品和服务"走出去"，也在主办及参与这些会展的过程中有效提升了自身的全球城市形象。

第二章
上海全球城市形象的传播与变迁

第一节　研究背景

全球化时代,城市作为重要的媒介形态,凝聚着信息传播、人员交流、资源共享、国家沟通等多种功能。借用品牌传播学中的拟人化思维,若将城市视作具有主观能动性的个体,那么城市形象作为首要因素,决定了这座城市对外交往的方式、交往程度以及未来的走向,是其发展过程中的无形资产和重要名片。

从1843年开埠通商到建立浦东新区,再到成立自由贸易区,上海作为国际名城,一直是中国对内改革、对外开放的排头兵和领军者。综合历史背景与顶层设计因素,上海城市形象的建设与变迁之路可以大致分成"东方巴黎""工业制造与生产中心""长三角中心城市""经金航贸四大中心""创新、生态、人文的卓越全球城市"五大阶段。在此期间,世博会与进博会作为两项重要的全球媒介事件,在短时间内为上海赢得了广泛的国际关注,产生了强大的注意力效应和口碑效应,更快速有效地助推了上海城市形象的国际传播。

有鉴于此,本书试图以全球5个国家、1个地区具有国际传播影响力的12家媒体,在2010年世博会与2018年进博会开幕前后共两个月的时间里对上海的报道为基本数据,分析从世博会到进博会的八年时间里,上海城市形象的全球传播能力是否得到了提升;上海的国际舆论形象有没有发生变化,是否还存在一定的"短板";又如何根据上海全球城市形象的实证分析,提出加强和提升上海国际传播能力建设的对策建议。

第二节　研究现状

城市形象最早由美国学者凯文·林奇(Kevin Lynch)提出,他认为"城市形象"是指一个城市在其经济、文化、生态等发展过程中形成的整体风貌,也是公众对城市内在实力、外在活力和未来发展前景形成的综合评价①。

现阶段,有关城市形象的研究主要从三大方面着手。其一,有学者从新闻传播学视角出发,基于框架理论考察某一特定时间内的上海城市形象传播。如薛可和栾萌飞通过分析《纽约时报》与《中国日报》在 2007 年到 2016 年对上海的报道得出《纽约时报》对上海报道存在报道偏好,而中国媒体的报道空白,加剧了受众的刻板印象等结论②;潘霁利用大数据的方法对全球 662 个主要新闻媒体及 154 家主要新闻网站在 2016 年到 2017 年一年间标题含上海的报道进行抓取,发现全球媒体主要从政治法律的角度建构上海形象以及城市与国家的关系,并在上海经济形象上突出了上海休闲餐饮之都的侧面③。其二,也有学者从建筑设计学与美学的角度探索城市视觉形象设计的创新思路及动态化的途径,如白雪以南京城市形象呈现为例指出可以通过元素动态化、媒介动态化和交互动态化三大途径完善城市视觉形象设计内容和形式,实现新型城市形象构建和宣传推广④。其三,有学者利用市场营销学理论找出城市形象战略传播过程中的问题,并提出改进意见,如汤筠冰等认为世博建设加快了都市公共领域空间上的拓展,提升了上海的海派品牌文化,后世博时代则需要文化思想上的交流与扩展⑤。

综上所述,现阶段对上海城市形象的对外传播研究中,多集中在欧美等西方大国,较少关注世界上其他地区的传播情况;其次,文章多为政治经济文化等领域的描述性分析,鲜有从城市形象模型与结构出发的深层挖掘;另外,研究多

---

① Lynch,K.The Image of the City,Cambridge:The MIT Press[M],1960,46 – 90.

② 薛可,栾萌飞.中美新闻框架下的上海形象建构——基于《纽约时报》与《中国日报》的对比研究(2007—2016)[J].新闻记者,2017(03):63 – 70.

③ 潘霁.政治法律与休闲之都:全球媒体上海城市形象的框架分析[J].对外传播,2017(08):45 – 48.

④ 白雪.新媒体视域下城市视觉形象设计的动态化研究[J].包装工程,2018,39(20):107 – 111.

⑤ 汤筠冰,汤箬梅.世博会与上海城市形象的建构与整饰[J].福建论坛(人文社会科学版),2010(04):93 – 95.

基于某一单一事件,并无通过多事件的对比探究上海对外传播能力的变化。因此,本研究聚焦全球国际媒体舆论场,以 2010 年世博会与 2018 年进博会两项国际事件作为切入,对比分析上海城市形象在前后八年间在国际社会的呈现情况。

第三节　研究设计

一、理论基础

张鸿雁借用市场营销学的理论,将企业识别系统引入城市形象研究中,提出了城市形象识别系统,将城市形象概括为视觉形象、行为形象与理念形象[①]。其中,视觉形象作为城市形象的基础,指的是一所城市的外在物质形象,包括城市设计、风格、标志、典型建筑、基础设施等。行为形象是按照主体的具体行为领域被划分为经济、政治、文化行为三大类型;理念形象是一所城市的核心,包括城市精神、城市宗旨、城市定位等思想层面的符号。

本书研究在城市形象识别系统的基础上增加了"机会形象",建构了新的城市形象分析模型(如图 2-1)。机会形象是对城市发展的重要支撑,通常通过地理区位、政策机会、突发事件、大型活动等因素为城市带来历史性改变的重要价值。这四大形象通过交叉影响与作用,助推城市形象的建设与传播。

二、数据来源

根据国家与地区间媒体的传播力排名,选取美国《纽约时报》《华盛顿邮报》,英国《每日电讯报》《泰晤士报》,法国《世界报》《费加罗报》,日本《朝日新闻》《读卖新闻》、俄罗斯《真理报》《俄罗斯报》,中东地区《中东日报》《金字塔报》共计 5 个国家、1 个地区具有国际影响力的 12 家媒体,利用 Factiva 数据库,分别锁定时间段为上海世博会开幕前后各一个月即 2010 年 4 月 1 日到 6 月 1 日、上海进博会开幕前后各一个月即 2018 年 10 月 5 日到 12 月 5 日,以不同语种下的关键词"Shanghai"进行检索,清洗无关的与重复的内容后,共得到世博

---

① 张鸿雁.城市形象与城市文化资本论[M].南京:东南大学出版社,2002,65-76.

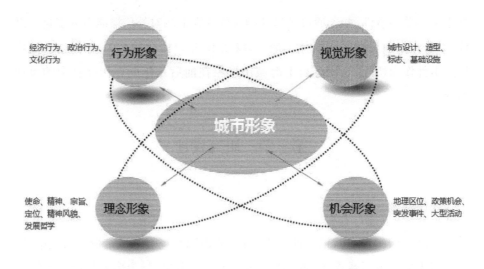

经济行为、政治行为、文化行为 **行为形象**

城市设计、造型、标志、基础设施 **视觉形象**

城市形象

使命、精神、宗旨、定位、精神风貌、发展哲学 **理念形象**

地理区位、政策机会、突发事件、大型活动 **机会形象**

图 2-1　城市形象分析模型图

会期间上海相关报道 820 篇,进博会期间上海相关报道 1 027 篇。

三、研究方法

采用计算机分词聚类与内容分析法结合。利用计算机编程语言设计分词聚类程序,将上述媒体的报道数据导入系统,设置抓取的高频词数量为前 100个。得到高频词名单后,人工删掉语义相近与无关的介词、代词等词语,根据本研究中的城市形象分析模型对高频词进行归类梳理并找出变化规律。

第四节　上海全球城市形象传播的整体态势

一、上海全球城市形象传播力稳中有升

上海在英、美、法国家领衔的西方国家所获关注度较为稳定,其中英国和美国的报道数量在世博会与进博会前后呈现小幅度增长,均增加了 20 篇左右;法国稍微有所回落,但在总体数量上依然呈上升趋势。在 2010 年世博会期间,亚洲及中东地区有关上海的报道几乎为零,而在 2018 年进博会期间,数量显著增加,日本的报道量接近法国。不断提升的全球城市形象传播力得益于上海世博

会后的借势传播,经济增长与文化交流的增多推动上海在全球的多次亮相。

二、上海全球城市形象辐射力得到增强

　　由图 2-2 可知,2010 年世博会期间上海国际形象的报道主体以英、美、法等西方国家为主,其中英国以 49% 的报道量占据了半壁江山,亚洲有关"上海"的声音在国际社会上微乎其微。而 2018 年进博会期间,情况发生了转变,中东地区以及以日本为代表的亚洲其他地区对上海展开了大量的报道,虽然英国、美国、法国媒体依然占据了报道总数的 83%,但中东与亚洲其他地区报道数量与频度的增加体现了国际媒体舆论场上"上海"形象多元传播主体的存在。

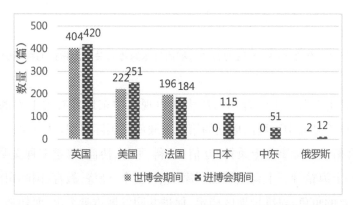

图 2-2　世博会与进博会期间样本媒体有关上海的报道数量

　　如图 2-3 所示,日本、俄罗斯、中东地区在 2018 年进博会期间有关上海报道的数量大幅增加,打破此前西方大国对上海城市形象传播的垄断,得益于"一带一路"倡议提出后带来的国际社会关注与具体建设成果。上海由于优越的地理位置条件和对外开放的历史背景,一直被视为"一带一路"的桥头堡。2017年 10 月,上海市政府公布《上海服务国家"一带一路"建设桥头堡作用行动方案》,与沿线国家在贸易投资便利化、金融开放合作、增强互联互通功能、科技创新合作、人文交流合作、智库建设六大领域开展专项行动,将上海本地的经济、人才、技术优势与"一带一路"国家丰富的资源优势相结合。2018 年上半年,上海与"一带一路"沿线国家和地区贸易额达 3 299 亿元,占全市 20.4%。对沿线国家的非金融类直接投资中方备案额为 17.9 亿美元,占全市总额 29.2%。在

沿线国家新签对外承包工程合同额 46.9 亿美元,同比增长 188.97%①。深度合作的展开让上海在国际交流与协作上的地位日趋重要,关注度得到显著提高。

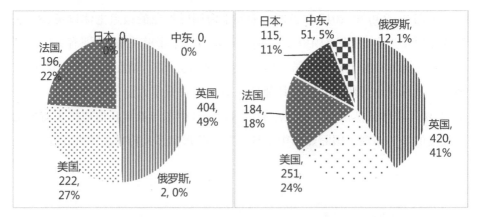

图 2-3 世博会(左)与进博会(右)期间样本媒体有关上海报道的数量分布

此外,"上合",即上海合作组织多次出现在中东地区有关上海的报道中。上海合作组织是在中国境内成立的第二个政府间国际组织,并首次以其城市命名,主张在解决国际事务上秉持"互信、互利、平等、协商、尊重多种文明、谋求共同发展"的上海精神。上合组织在国家政治、安全、经济、教育、国际司法等领域扮演着重要的角色,对维护地区稳定、促进共同发展贡献突出,而伴随上合组织在国际事务上的参与以及地位的提高,也间接促成了其成立地上海在新闻报道中的多次亮相。

三、上海全球城市形象地区间差异明显

上海城市形象的传播地区辐射力呈现"入乡随俗"的特点,不同国家或地区多结合自身的文化与发展特点从不同角度对上海进行报道。

中东地区在世博会期间并未出现涉及上海相关内容的报道,而在进博会期间涌现了大量的报道,行为形象高频词占比达 86%。政治与安全是该地区的主要关注议题,表现为"上海合作组织"(80 次)、"安全"(47 次)、"恐怖"(47

① 吴卫群.上海:"一带一路""桥头堡"作用日显[OL].解放日报,2018-07-25[N/OL].http://sh.xinhuanet.com/2018-07/25/c_137346584.htm.

次)、"战略"(29 次)等词的高频出现。

以英、法为首的欧洲国家热衷传播上海城市行为形象中的文化行为,报道在上海文化行为形象的增长上表现得最为明显。英国由世博会期间的 9% 扩展到了 24%,法国则由 12% 扩展到了 27%,均增长了一倍以上。2018 年进博会期间,英国多次为上海举办的体育赛事着墨,如比赛(147 次)、费德勒(69次)、网球(57 次)等内容报道颇多。而法国在同一时段艺术(221 次)、服务(72次)、学生(66 次)、画廊(65 次)等内容频繁出现,更多关注上海在文化艺术领域的发展情况。

城市形象多维度辐射力的增强与上海积极开展城市公共外交密不可分,其利用自身中西文化融合的城市特色,在过往基础上,进一步打响上海国际电影节、国际艺术节、上海 ATP1000 大师赛(亚洲)等国际性品牌活动,吸引了艺术、体育等相关领域名人的到来,有效发挥粉丝效应,获得了国际目光,使国外媒体在经济中心的形象外关注到了上海多元的文化形象,助推了该城海外文化传播力提升。

第五节　上海全球城市形象传播的内容特征

一、全球媒体对上海城市形象的关注层次逐渐深入

根据城市形象模型对清洗后的词语进行内容分析,发现世博会期间,上海的城市形象尚停留在最基础层面的外在视觉符号形象上,内容多围绕"建筑"展开。而进博会时期已经从基本的视觉形象深入到理念形象方面。如表 2-1 所示,理念形象高频词的比例由 16% 增长至 24%,所指涉的领域也更加广泛;机会形象在两次盛会中得到了较好呈现,分别紧扣"世博"(286 次)、"进口"(236次)两大主题,国外媒体着重围绕上海缘何具备举办国际展会的实力以及此举给上海未来发展带来何种改变进行报道;行为形象一直是国际媒体关注的重点,前后的报道比例均达到了七成以上。

上海很长一段时间始终以国际金融、贸易中心闻名于世,其行为形象,特别是经济行为最受关注,如今理念形象关注度的上升表明上海除了用"经济数字"

说话之外,学会在经济增长的基础上,讲"城市故事",通过国际会议、大型国际事件、大型剧场的举办,传递上海在发展过程中城市理念等软核内容。

表2-1　世博会与进博会期间上海城市形象传播呈现的分布情况

上海城市形象	数量(篇)		占比	
	世博会期间	进博会期间	世博会	进博会
视觉形象	1	0	2%	0
行为形象	30	24	79%	73%
理念形象	6	8	16%	24%
机会形象	1	1	3%	3%

二、上海全球城市形象的呈现始终依托国家视野

如图2-4所示,2010年世博会期间,"中国"以2 045次最高频词出现。美国(485次)、法国(344次)、欧洲(339次)、北京(331次)、英国(221次)、巴黎(204次)、纽约(159次)与上海同时出现在相关报道中,上海多于宏观的国家视野中出现在国际媒体舆论场,以城市形象展现国家形象,重点在国家形象的传播,对城市本身的政治行为着墨很少。同时从出现的国家、城市或地区的数量与地理分布上可以看出,西方大国的形象得到了明显的强化和突出,上海在相关报道中多居于配角地位。

2018年进博会期间,"中国"增长至3 141次。美国(1 089次)、俄罗斯(254次)、英国(172次)、印度(151次)成为报道中的重点国家。"习近平"(178次)、"特朗普"(215次)也出现在高频词中。相比于世博会期间对具体领导人的报道较少,进博会作为全球首个进口商品博览会,由习近平于"一带一路国际合作论坛"中提出,认为进博会的举办是欢迎世界各国分享中国市场的红利,搭乘中国发展顺风车的开放之举。同时习近平在出席进博会开幕式发表主旨演讲时,向世界回顾了上海作为中国改革开放的排头兵的发展历程,并以"上海背靠长江水,面向太平洋"为背景,提出了"中国经济大海论",这一观点后来成为进博会开幕后国外媒体报道的重点,上海作为开放的主阵地也在国外媒体有关习近

平的报道中成为主角。

　　由此可见,上海的政治行为形象处于"政治行为—机会"的城市形象结构之中。一方面,其形象呈现始终依托国家视野,是在上海召开大型活动的背景下国家政治行为形象的展示。另一方面,进博会作为世界首个进口博览会,为上海赢得了国家之外的有关城市自身的关注,如对外开放的历程得到报道并展现了全新的"开放与合作"形象,实际是在政治决策的推动下,城市机会形象被赋予了新的含义,并有了全新塑造的机会。

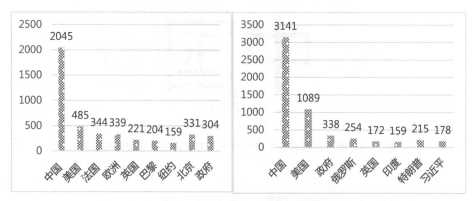

图 2 - 4　世博会(左)与进博会(右)期间样本媒体报道中
上海政治行为形象高频词分布(次)

三、创新驱动助推上海全球城市形象理念更新

　　世博会召开之际,上海的城市形象发展进程处于第四阶段,即打造具有全球资源配置能力的国际经济、金融、贸易与航运中心,国外媒体报道也多关注金融贸易内容,如公司(635 次)、美元(445 次)、经济(440 次)、银行(410 次)、市场(387 次)位列高频词前五项,其余如投资(282 次)、交易(216 次)、汽车(202 次)也均围绕该领域展开,与"四大中心"的城市形象建设方案相符(见图 2 - 5)。对比之下,如图 2 - 6 所示,进博会召开前后,技术(201 次)作为全新的高频词出现在经济行为高频词的前列。2016 年,上海发布新版宣传片《上海,创新之城》;2017 年,国务院国资委与上海市政府召开加快建设具有全球影响力科技创新中心推进会,将按照国务院的决策部署并结合上海实际,推进自贸试验区

和科创中心建设两项国家战略；2018 年，上海举办了世界人工智能大会，并与阿里巴巴协定战略合作，加快建设智慧城市，在创新之城的发展之路上稳步前进。可见上海"创新之城"的新时期形象在国际社会有所显现，国外媒体突破了上海城市发展前一阶段"四大中心"的印象，关注到了上海在高新领域与智能技术发展上所取得的进展。

图 2-5　世博会期间样本媒体对于上海报道的高频词分布情况

图 2-6　进博会期间样本媒体对于上海报道的高频词分布情况

在理念形象上，2010 年世博会期间，报道内容紧扣"城市，让生活更美好"的口号，如世界（509 次）、城市（350 次）、国际（215 次）、全球（205 次）、希望（180次）、发展（158 次）频繁出现，表现了上海力图打造国际化都市的目标以及生机勃勃的发展前景。在 2018 年进博会期间，合作（196 次）与开放（153 次）则取代了城市，补充成为新的高频词。内容的更新得益于首届进口博览会的顺利举办,世界三百余个国家前往中国参展,并以上海为起点拥抱中国市场,助推上海由最初尚谋发展的城市渐渐深入转变为包容、开放、合作的大城形象。

四、后世博时代"机会形象"效应溢出

一般来说,上海的"机会形象"呈现多与当年重要的国际大事有关,如 2010 年世博会期间的上海"世博形象"、2018 年进博会期间的上海"进口形象"。

在样本数据中,日本在 2010 年世博会期间并未发布有关上海的报道。而在 2018 年进博会期间,"世博会"(48 次)却超过"进口"(39 次)成为上海机会形象的首个高频词。联系背景后发现,日本大阪即将于 2025 年举办世博会,目前正处于筹备阶段,在有关世博会的相关报道中,大量提到 2010 年上海世博会,并以上海世博会作为参考对象,从展会规模、参展人数、展馆布局、连锁效应等各方面开展了相关报道,使上海成为成功举办世博会后值得学习和效仿的城市,其以"后世博时代"的机会形象出现给其他国家的城市在建设和发展上带来了启迪,溢出效应明显。

第六节　提升上海全球城市形象传播的思考与建议

一、加快建设创新型城市

世博会与进博会的举办跨越了上海城市形象建设的两大发展阶段,即由建设"经金航贸四大中心"向"创新、生态、人文的卓越全球城市"转变,表明了上海由金融贸易服务为依托的经济类型转为创新科技驱动发展的目标。"技术"的高频出现表明国际媒体舆论场已经捕捉到了上海发展的转变,有意在技术发展领域为上海城市形象着墨。但与此同时,技术的具体指向,如人工智能技术、创新技术、互联网技术等并不明确。在选取的样本中,也仅有日本媒体提到的"智能"(19 次)一词位列高频词中但排位靠后,其他国家或地区的高频词中并未提及。未来,上海须加快创新型城市建设,提高经济文化等领域的创新能力,在智能制造、生物医药、新能源、海洋工程装备新兴产业上持续发力,加快落地智能技术基础设施建设,培养新型技术人才,特别是智慧城市的建设与传播,推动上

海"创新之城"新形象的转变和深化①。

二、深度融入国家战略布局

日本、俄罗斯、中东地区在 2018 年进博会期间有关上海报道的数量大幅增加反映了上海在服务"一带一路"建设上所取得的初步成效,也表明上海未来应该继续深入国家战略布局,发挥国家政策优势,在服务国家建设的同时充分利用发展的机遇。如现阶段上海在服务"一带一路"建设上,尚停留在航贸、金融、矿石资源等经济领域,在文化与艺术交流等领域尚属空白,未来可在国家战略布局提供先机的基础上,进一步扩展与沿线国家交流领域,通过两国城市间人才的交换培养等方式加深合作,增进友谊,进一步提升上海的国际民众知名度与美誉度,将"一带一路"转变为上海继续进行对外传播的重要契机,未来发展成为上海新的"机会形象"。

三、积极开展城市公共外交

大型国际活动的举办短时间内为城市获得高关注度,是城市进行公共外交的有利时机。如法国巴黎以 1878 年万国博览会为起点,接连举办多届世博会及其他领域的世界级别会议,包括 1889 年博览会建成的埃菲尔铁塔及 1990 年塞纳河上的亚历山大三世大桥,积极与国外民众互动,进行法国历史、法语等文化资源的传播。上海举办进博会期间,法国生态名岛科西嘉的商品首次面向中国市场,科西嘉工商会在进博会期间与上海崇明岛建立生态合作方案,来自上海和科西嘉两地的大学生在会务工作中积极配合,帮助项目的正式落地。未来,上海可继续发挥后进博时代的优势,以活动为契机,以青年为桥梁,广泛开展民间交流与合作,让民众交流为城市传播助势。

四、树立城市文化品牌意识

城市文化是展现一所城市发展脉络和历史图谱的重要载体,承载着城市精神品格和理想追求,是增强城市文化软实力的重要依托。通过对比世博会与进博会期间国际媒体舆论场对上海形象的传播情况,发现上海特有的文化遗产被

---

① 冯妮,李本乾.智能时代的国家战略与科技出版[J].科技与出版,2019(02):155-160.

忽略。而上海作为中西文化沉淀的滩涂，其"红色文化""海派文化""江南文化"都是上海特有的文化名片。在接下来的传播中应该做到品牌、内容与平台相结合，发挥短视频新媒体平台与多语种的传播优势，推动上海文化品牌的海外传播。

第三章

全球媒介对上海城市形象的建构与传播

第一节 研究背景

21世纪是城市的世纪,城市是当前全球经济政治活动的中心、信息交流与传播的关键节点,也是社会发展和文化活动的重要舞台。城市形象是城市的无形资产,良好的城市形象不仅能提升该城市的"软实力",还能增强其参与国际竞争与合作的能力。基于这样的认识,近年来,我国不少城市纷纷采取措施,加强城市形象塑造与推广力度,以争取相应的竞争优势地位。然而,据中国社科院发布的《全球城市竞争力排行榜(2017)》,除了极少数例外,大多数中国城市国际竞争力水平不高,尚未形成有一定国际影响力的城市品牌形象。

作为我国对外开放的排头兵,上海的国际知名度一直位居全国大中城市前列。2010年世博会召开以来,上海在国际文化大都市建设大背景下,进一步加强和提升国际传播能力建设,已初步将自身打造成为全球文化传播网络的重要节点[1]。然而,与我国大多数城市相仿,全球语境下的上海城市形象仍不够立体,且缺乏与能国际顶级城市比肩的辐射力和影响力。可以说,城市形象全球传播能力的不足,已经成为上海国际大都市建设的最大"短板"之一。

以上海为典型个案,本书将通过对国际媒体三十年来涉沪报道和2010年以来涉沪报道的比较分析,实证考察上海全球媒介形象建构现状与趋势,评估上海国际传播能力建设的所得与缺失,并有针对性地提出增强上海及中国城市国际传播能力的策略路径。

---

① 李本乾,等.后世博时代上海国际传播能力建设的实践与探索[J].对外传播,2017(6).

第二节　文献回顾

20世纪90年代初,针对世界上大国博弈的最新特点,哈佛大学教授约瑟夫·奈提出"软实力"理论,通过分析文化、价值观等软力量在国际竞争中的重要作用,构建了理解国际竞争和分析国家综合实力的新理论框架。就软实力构成要素而言,国内外学者有不同的认识,但大体同意软实力至少包括文化、人权价值理念、政治制度及国家形象四个方面。近年来,随着学术界对"软实力"理论研究的深化,这一概念被扩展到区域、城市以至企业层面。由于城市是21世纪国家和区域发展的核心,以城市形象为核心的城市软实力问题,特别是与城市形象构建和传播有关的论题备受研究者重视。

此类研究大致可分为三类。其一,借用经济学、管理学的营销理论,探讨城市品牌形象的构建与推广,如陈红(2009)通过对我国城市形象营销现状的分析,找出我国在城市形象营销方面的不足,并提出相应的对策建议[①]。其二,从城市规划或城市美学的角度探讨城市形象的设计与传播,如叶红等人以广州某区为例,探讨了以城市规划为主导的城市形象构建,特别是城市视觉形象构建的问题[②]。其三,基于新闻学与传播学理论知识,探讨经由大众媒介的城市形象传播问题,如莫智勇分析了数字媒体环境下城市形象传播的新机遇与新挑战[③],冯丙奇研究了因大型节事活动催生的"媒体事件"对城市形象传播的促进作用[④]。

综观相关研究,可以发现,虽然学术界普遍认识到城市形象是城市乃至国家文化软实力的重要构成,并着力探讨与城市形象传播有关的理论与实践问题,但多数研究仍以逻辑推理的定性研究为主,相对缺乏基于长时段、大数据的城市形象传播趋势及特点实证分析,也因此无法精准提出增强城市形象全球传播能力的对策建议。

本书的数据来自道琼斯和路透社共同发起建立的 Factiva 全球新闻数据

① 陈红.我国城市形象营销策略研究[J].新闻界,2009(3).
② 叶红,等.城市规划主导的城市形象构建方法探究[J].规划师,2011(9).
③ 莫智勇.创意新媒体文化背景下城市形象传播策略研究[J].暨南学报,2013(7).
④ 冯丙奇.城市媒体事件与城市形象传播[J].现代传播,2012(7).

库。该数据库是目前世界上收录新闻报道最广泛的数据库之一,共整合了全球约 160 个国家、超过 20 种语言的 10 000 多种权威信息来源。借助 Factiva 数据库,本书分别检索了 1987—2006 年及 2010—2016 年全球媒体有关上海的全部报道,从整体趋势、相关议程和消息来源等方面对这些报道进行统计分析,以此探讨上海形象全球传播的长期趋势和短期变化,评估上海国际传播能力建设的成绩与不足。

第三节　研究发现

一、全球媒体涉沪报道整体趋势

（一）上海的全球媒体"出镜率"逐年攀升

由图 3-1 可知,在过去 30 年间,全球媒体对上海的关注基本呈逐年攀升态势。1987 年,全球媒体涉沪报道数量只有 2 872 条,而到 2016 年,这一数字已经将近 36 万条,在 30 年间增长 120 多倍。更具体来看,全球媒体对上海关注程度的提升并不是平均分布的。2000 年前,特别是 20 世纪 90 年代中期之前,全球媒体上海报道年度增速相对平稳。2000 年后,随着国际化程度的提升,上海的全球媒体"出镜率"急速增长,并在 2007—2008 年间和 2010 年形成

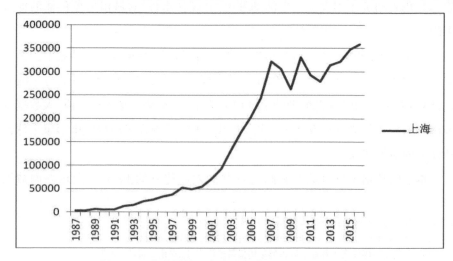

图 3-1　全球媒体上海报道数量(1987—2016)(条)

两个小高潮。2009 年和 2011 年,全球媒体上海报道数量有所回落,但相关数值在 2012 年后恢复了强劲增长势头,并在刚刚过去的 2016 年达至峰值。

(二)在北上广深四个中国一线城市中,上海的全球媒体关注度仅次于北京,但近年来差距有所扩大

由图 3-2 可知,在北京、上海、广州和深圳四个中国最大的城市中,上海的全球媒体报道数量和年度增速遥遥领先于深圳和广州,但仍与北京有一定的差距。2007—2010 年间,全球媒体上海报道和北京报道数量差距有所缩小,其中 2007 年,两者之间的差距仅为 2 000 余条。不过,此后上海与北京的差距非但没有弥合,反而日趋扩大,在 2016 年,两个城市之间的差距已经超过了 10 万条。

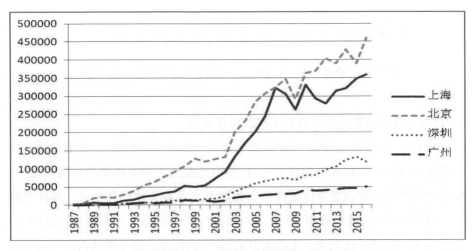

图 3-2　全球媒体中国一线城市报道数量(1987—2016)(条)

(三)全球媒体对上海的关注远不及对纽约、伦敦等世界顶级文化大都市的关注

从上海自身,以及上海与国内各大城市相比较的情况看,全球媒体对上海关注度的提升相当引人注目。不过,如果与世界级文化大都市相比,不难发现上海与世界顶尖城市的国际关注度还有相当程度的差距。如图 3-3 所示,在上海、纽约伦敦、巴黎、东京五个城市中,全球媒体对上海的报道在数量和增速

上都在五个城市中垫底。同为亚洲城市,上海的全球媒体关注度与东京较为相近,但两者之间仍有一定程度的差距。2016 年,东京的全球报道数量将近 50 万条,比上海多出将近 10 万条。

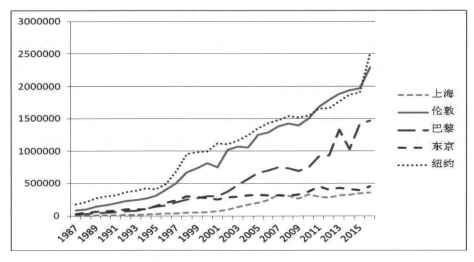

图 3 - 3　全球媒体国际文化大都市报道数量(1987—2016)(条)

(四)周边国家对上海的关注程度值得重视

由表 3 - 1 可知,英语是全球媒体上海报道使用最多的语言,紧随其后的分别是德语、法语、西班牙语和意大利语,使用这些语言的大体是西方国家,这一情况也反映出西方国家媒体仍在很大程度上主导着全球信息流动。在排名前 20 的报道语种中,还有俄语、日语、印尼语、马来语和韩语等语言,使用这些语言的国家大体是周边国家。十八大以来,党中央提出应高度重视我国与周边国家的外交关系。从 2013 年起,中央逐渐酝酿提出的"一带一路"倡议,也把发展我国与周边国家的经贸合作,促进我国与周边国家的民心相通列为重要的工作方向。可以认为,随着相关战略和政策的稳步推进,加强城市形象在周边国家的传播将成为上海国际传播能力建设的重要着力点和突破点。

表 3-1 全球媒体上海报道语种分布(1987—2016)

序号	语种	序号	语种
1	英语	11	瑞典语
2	德语	12	印尼语
3	法语	13	挪威语
4	西班牙语	14	波兰语
5	意大利语	15	马来语
6	俄语	16	韩语
7	日语	17	匈牙利语
8	荷兰语	18	土耳其语
9	葡萄牙语	19	捷克语
10	丹麦语	20	芬兰语

注:简体中文和繁体中文报道情况不在统计之列。

二、全球媒体涉沪报道议程分析

(一) 全球媒体涉沪报道主题分布情况

从30年来的趋势看,全球媒体对上海的报道以经济类为主,主要关注上海工业生产、企业发展及银行、金融、证券市场等情况。2010年迄今,这一情况并未发生根本性变化。应该说,这也是与上海在这三十年的时间里一直是我国经济中心的地位是相称的。不过,如表3-2和表3-3所示,仔细分析,2010年以来,全球媒体上海报道主题分布也发生了一些值得关注的位移。首先,2010—2016年间,排名榜首的新闻主题由原来的"企业/工业新闻"变成了"证券市场",这在很大程度上体现了上海近来由传统工业中心到新型金融中心的定位转变。其次,2010年以来新闻主题排名表中出现了"科学/人文科学""会议/商展""新产品/服务"等更长时段排名表中没有的新闻主题。近年来,上海大力推进科创中心建设,努力促进国际服务贸易的发展,并成为众多国际知名展会的主办城市,而如前所述,这几项工作同时也有助于提升上海城市形象,增强上海国际传播能力。因此,2010年以来排名表中新出现的这几项主题,可以视为上海相关方面国际传播能力建设的最初成果。

表 3-2　全球媒体上海报道主题(1987—2016)

序号	主题	序号	主题
1	企业/工业新闻	11	外汇市场消息
2	证券市场	12	经济新闻
3	金融商品市场新闻	13	国内政治
4	公司简介	14	收购/合并/撤资
5	政治/综合新闻	15	债券市场
6	企业收益	16	统计表
7	新闻发布	17	市场调查/消费趋势
8	摘要	18	文艺/娱乐
9	外交关系/事务	19	生产能力/设备
10	股价波动/股票交易受干扰	20	收购/合并/撤资

表 3-3　全球媒体上海报道主题(2010—2016)

序号	主题	序号	主题
1	证券市场	11	国内政治
2	企业/工业新闻	12	收购/合并/撤资
3	新闻发布	13	外汇市场消息
4	摘要	14	有色金属市场
5	股价波动/股票交易受干扰	15	外交关系/事务
6	市场调查/消费趋势	16	个人理财
7	股权资产类别新闻	17	科学/人文科学
8	金融商品市场新闻	18	会议/商展
9	企业收益	19	新产品/服务
10	政治/综合新闻	20	固定收益资产类别新闻

（二）全球媒体涉沪报道涉及机构分析

在表3-4和表3-5中，银行和金融机构的数量都绝对领先于其他性质机构，这意味着上海更多被全球媒体认知为国际金融中心。2010年以来，全球涉沪报道提及上海合作组织的数量名列前茅，这一我国首个以城市命名的国际组织在深化我国与相关国家的多层次合作，提升上海国际知名度方面发挥了十分重要的作用。对比表3-4和表3-5，可以发现，全球媒体涉沪报道提及机构在保持基本稳定的同时，也存在与时俱进的方面。表3-5中提及的阿里巴巴集团、苹果公司是全球新兴互联网公司的代表，它们进入榜单提醒上海，紧跟全球经济和科技创新的步伐，才能不断增加自身在国际上新的关注点。在表3-5排名前二十的机构中，还出现了上海交通大学和复旦大学两所高校。作为上海最知名的高校，交大和复旦近来与海外的文化、科技和学术交流日益频繁，这不仅提升了两校国际化建设的步伐，也在无形中增强了上海的国际影响力。

表3-4　全球媒体上海报道涉及机构情况（1987—2016）

序号	机构	序号	机构
1	汇丰控股有限公司	11	中国联合网络通信（香港）股份有限公司
2	上海合作组织	12	德国大众汽车集团
3	中国石油化工股份有限公司	13	中国证券监督管理委员会
4	中国人民银行	14	中国工商银行股份有限公司
5	通用汽车公司	15	中国国际航空股份有限公司
6	中国东方航空股份有限公司	16	上海浦东发展银行股份有限公司
7	中国石油天然气股份有限公司	17	中国银行股份有限公司
8	中国建设银行股份有限公司	18	宝钢集团有限公司
9	美国联邦储备委员会	19	中国南方航空股份有限公司
10	上海汽车工业（集团）总公司	20	上海交通大学

表 3-5 全球媒体上海报道涉及机构情况(2010—2016)

序号	机构	序号	机构
1	上海合作组织	11	阿里巴巴集团
2	中国人民银行	12	苹果公司
3	美国联邦储备委员会	13	中国工商银行股份有限公司
4	汇丰控股有限公司	14	德国大众汽车集团
5	中国证券监督管理委员会	15	中国东方航空股份有限公司
6	中国石油化工股份有限公司	16	欧洲中央银行
7	上海交通大学	17	中国建设银行股份有限公司
8	通用汽车公司	18	上海浦东发展银行股份有限公司
9	复旦大学	19	中国银行股份有限公司
10	欧洲联盟	20	中华人民共和国国家发展和改革委员会

(三)全球媒体涉沪报道涉及地名分析

除了在"中国"的框架中报道上海,全球媒体最常在有关上海的报道中提及美国。表 3-6 和表 3-7 中涉及的地名大体都可以分成三个类别,一是欧美发达国家,二是中国相关省份或特区,三是我国周边国家和地区。近来,上海大力推动大长三角地区国际文化贸易和文化交流活动一体化进程,力求实现国际传播的整合效应,但从表 3-6 和表 3-7 的情况看,全球媒体更倾向于把上海和香港、北京、广东、台湾等放置在一起报道,这意味着上海要提升国际知名度,可能更需要深化与这些城市和地区的合作与互动。

表 3-6 全球媒体上海报道涉及地名排名(1987—2016)

序号	地名	序号	地名
1	中国	6	中国香港
2	美国	7	欧洲
3	亚洲	8	日本
4	新兴市场国家	9	英国
5	东亚国家	10	澳大利亚

（续表）

序号	地名	序号	地名
11	北京	16	新加坡
12	印度	17	北美洲
13	德国	18	广东
14	俄罗斯	19	法国
15	中国台湾	20	西欧国家

表 3-7　全球媒体上海报道涉及地名排名（2010—2016）

序号	地名	序号	地名
1	中国	11	广东
2	美国	12	俄罗斯
3	中国香港	13	新兴市场国家
4	印度	14	亚洲
5	日本	15	法国
6	澳大利亚	16	意大利
7	北京	17	中国台湾
8	英国	18	新加坡
9	欧洲	19	西班牙
10	德国	20	韩国

（四）全球媒体涉沪报道涉及人物分析

由表 3-8 可见，在全球媒体涉沪报道中，最常提及的人物有两类，一类是世界各国的政府首脑或高级别官员，另一类则多在世界重要金融、经济机构或有关企业担任重要职务。在 2010 年至 2016 年相关报道中，中国国家主席习近平和国务院总理李克强被提及的次数最多，俄罗斯总统普京紧随其后，高居第三位。在提及次数排在前二十的人物中，有七位来自美国，其中，先后两位美国总统奥巴马、特朗普，两位美联储主席伯南克、耶伦都入选榜单，这既反映出美国政治、经济、金融非比寻常的全球影响力，也在一定程度上体现了上海在全球政治、经济地位的提升。

表 3 - 8　全球媒体上海报道涉及人物情况(2010—2016)

序号	国家	职务	人物
1	中国	国家主席	习近平
2	中国	总理	李克强
3	俄罗斯	总统	普京
4	美国	美联储主席	耶伦
5	美国	总统	奥巴马
6	印度	总理	莫迪
7	意大利	欧洲央行行长	德拉吉
8	日本	首相	安倍晋三
9	美国	总统	特朗普
10	美国	美联储主席	伯南克
11	中国	央行行长	周小川
12	德国	总理	默克尔
13	美国	国务卿	希拉里
14	美国	投资家	巴菲特
15	英国	首相	卡梅伦
16	美国	迪士尼首席执行官	艾格
17	英国	财长	奥斯本
18	俄罗斯	总理	梅德韦杰夫
19	印度	经济学教授	拉扬
20	法国	国际货币基金组织总裁	拉加德

三、全球媒体涉沪报道消息源分析

(一) 西方媒体仍是全球涉沪报道的主要消息源

从表 3 - 9 和表 3 - 10 可见,无论从近三十年来的情况看,还是从近六年来的情况看,西方媒体如道琼斯通讯社、路透社都是全球涉沪报道最主要的消息源。这意味着,上海要提升全球媒体"出镜率",改善世界对自身的认知,都仍需要把针对西方媒体的"攻关"工作放在重要位置。此外,新华社、《中国日报》《环球新闻》《上海日报》等中国乃至上海地方媒体在排行榜上也占据了一席之地，如何善用本国媒体资源，在国际上发出更多的上海声音，也是上海国际传播能力建设需要进一步思考的问题。

表 3 - 9　全球媒体上海报道消息源分布情况（1987—2016）

序号	消息源	序号	消息源
1	Dow Jones Newswires—All sources	11	中国点题新闻快递（简体）
2	Taiwan Economic Journal —All sources	12	PR Newswire—All sources
3	Xinhua—All sources	13	Agence France Presse—All sources
4	Reuters—All sources	14	MNI China Bullet Points （Chinese Language-Traditional）
5	China Daily—All sources	15	NewsRx Medical Newsletters—All sources
6	South China Morning Post —All sources	16	The Wall Street Journal—All sources
7	Shanghai Daily（China）	17	AFX—All sources
8	Interfax—All sources	18	环球新闻重点剖析（简体）
9	MarketResearch.com （Abstracts）	19	MNI China Mainwire（Chinese Language —Traditional）
10	Xinhua News Agency（China）	20	Financial Times—All sources

表 3 - 10　全球媒体上海报道消息源分布情况（2010—2016）

序号	消息源	序号	消息源
1	Dow Jones Newswires—All sources	5	China Daily—All sources
2	Taiwan Economic Journal —All sources	6	NewsRx Medical Newsletters—All sources
3	Reuters—All sources	7	MarketResearch.com（Abstracts）
4	News Bites—All sources	8	Cogencis Wires—All sources

(续表)

序号	消息源	序号	消息源
9	Xinhua—All sources	15	Australian Associated Press—All sources
10	Agence France Presse—All sources	16	The Wall Street Journal—All sources
11	Xinhua News Agency (China)	17	Interfax—All sources
12	Shanghai Daily (China)	18	The Associated Press—All sources
13	PR Newswire—All sources	19	Financial Times—All sources
14	South China Morning Post—All sources	20	Shanghai Stock Exchange Announcements (Abstracts)

（二）供职西方通讯社的记者是上海形象国际传播的"把关人"

如表 3-11 所示，报道上海发稿量最大的记者大多供职于西方通讯社，他们是上海形象国际传播的"把关人"。以 2010—2016 年的排行榜为例（见表 3-12），来自道琼斯的通讯社的记者就有 6 位，领先于其他媒体机构的记者。在中国媒体中，《中国日报》上榜记者最多。对于国内外发稿量极大的记者，上海都应该密切关注他们上海报道的内容与趋势，以便在需要的情况下做出及时、有效的回应。

表 3-11　全球媒体上海报道资讯来源(1987—2016)

序号	记者	主要资讯来源
1	Esther Fung	Dow Jones Institutional News
2	Daniel Ren	South China Morning Post (Hong Kong)
3	Chao Deng	NewsPlus
4	Wu Yiyao	China Daily
5	Jamie Chisholm	Financial Times (FT. Com) (Available through Third Party Subscription Services)
6	Carmen Lee	Gasgoo Automotive News
7	Shi Jing	China Daily-Hong Kong Edition
8	Riva Gold	Dow Jones Institutional News

（续表）

序号	记者	主要资讯来源
9	Wang Hongyi	China Daily
10	Shuli Ren	Dow Jones Institutional News
11	Daniel Inman	The Wall Street Journal
12	Wang Ying	China Daily-US Edition
13	Rena Gu	Metal Bulletin Daily（Available through Third Party Subscription Services）
14	Shen Hong	Dow Jones Institutional News
15	Xie Yu	scmp.com（Hong Kong）
16	Henry Chen	Metal Bulletin Daily
17	Laurie Burkitt	Dow Jones Institutional News
18	Enoch Yiu	scmp.com（Hong Kong）
19	Colum Murphy	The Wall Street Journal
20	Saibal Dasgupta	The Times of India

表 3-12　全球媒体上海报道资讯来源(2010—2016)

序号	记者	主要资讯来源
1	Chao Deng	NewsPlus
2	Riva Gold	Dow Jones Institutional News
3	Esther Fung	Dow Jones Institutional News
4	Daniel Inman	The Wall Street Journal
5	Jamie Chisholm	Financial Times（FT.Com）（Available through Third Party Subscription Services）
6	Daniel Ren	South China Morning Post（Hong Kong）
7	Wu Yiyao	China Daily
8	Danny McCord	Agence France Presse
9	Shen Hong	Dow Jones Institutional News
10	Shuli Ren	Dow Jones Institutional News

序号	记者	主要资讯来源
11	Carmen Lee	Gasgoo Automotive News
12	Tomi Kilgore	MarketWatch
13	Shi Jing	China Daily-Hong Kong Edition
14	Chris Dieterich	NewsPlus
15	Eugene Hoshiko	U-Wire (University Wire) (U.S.)
16	Jonathan Cheng	Dow Jones Institutional News
17	Wang Hongyi	China Daily
18	V. Phani Kumar	Bloomberg
19	Laurie Burkitt	Dow Jones Institutional News
20	Wang Ying	China Daily-US Edition

第四节　结论与建议

近年来，上海在国际文化大都市建设总体框架下，积极开展对外宣传工作，加强国际文化交流合作，扎实提升自身国际传播能力及全球城市形象，为上海及中国的发展营造了相对有利的国际舆论环境。据本书的考察，全球媒体对上海的关注程度不仅在2016年达到历史峰值，关注的重点也逐渐开始从工商业的上海、金融的上海、中国的上海逐渐向科技创新的上海、展会高地的上海甚至国际的上海转移。与此同时，正如本书分析显示的，在全球语境下，上海形象的"见光度"还远不及纽约、伦敦等世界顶尖城市，与同为东亚大都市的东京比也有不小的差距。此外，上海全球形象的报道权和话语权仍在很大程度上掌握在西方发达国家媒体和记者手中，如何进一步增强上海本地及中国的外宣媒体的国际传播能力也还需要深入的研究、实践。

基于这些分析判断，本书认为，在当前语境下，进一步提升包括上海在内的中国城市全球传播能力，应着手加强如下五个方面的工作。

一、主动融入"一带一路"倡议,开拓丝路传播新渠道

"十三五"时期是"一带一路"建设从起步到提速的关键时期。国家"十三五"规划纲要提出,要秉持亲诚惠容,坚持共商共建共享原则,开展与有关国家和地区多领域互利共赢务实合作,扎实推进"一带一路"建设。"一带一路"倡议不仅是要强化中国与有关地区的经济联系,更要共创开放包容的交流新局面。长期以来,中国城市对外交往的对象多集中在欧美发达国家或亚洲邻国,对世界上其他国家和地区关注程度相对较少,"一带一路"开启了我国对外开放崭新格局,也为相关城市国际形象的构建与传播开辟了新空间。在未来一段时间里,中国城市应更为主动对接"一带一路"倡议,积极参与国家相关部委组织的"一带一路"文化交流活动和项目,拓宽自身形象国际传播的渠道和路径。

二、强化新型智库国际合作交流,打造科技文化新形象

当前,国家已不再是国际传播的唯一主体,以智库、民间机构、媒体、公众等为代表的多元化主体,构筑起国际传播的"大传播"格局。其中,智库既非政府部门,但又与政府部门保持密切沟通,还有特定的专业研究者的地位,在国际传播中扮演着重要的角色。近年来,全国上下响应中央号召,聚焦国家和地方发展关键议题,成立一批中国特色新型智库,有力地推进了政府决策科学化和民主化进程。然而,绝大多数智库在国际传播方面远未发挥应有的功能,这不仅构成新型智库建设的"短板",也是各地国际传播能力建设的欠缺之处。实际上,鉴于国际媒体对中国城市的报道偏重经济面向,积极探索加强新型智库国际交流的体制机制,不仅可以丰富城市形象推广主体,还可以利用智库专业化、学术化的背景,打造各城市科技人文新形象。

三、积极举办全球议题高峰论坛,增强国际议程引导力

目前,众多研究者和城市管理者已经认识到,举办国际节事活动,如国际电影节、国际艺术节、国际书展等能有效增强国际媒体对相关城市的报道,进而提升该城市的国际知名度。与此同时,有条件的城市还应围绕事关全球发展的重大问题,积极举办高峰论坛,增强国际议程引导力。比如,近年来,深海资源开

发与应用成为国际海洋竞争的焦点,海口市积极整合相关政学企力量,连续数年举办深海能源大会,既提升了我国在深海开发领域的发言权,也借之增强了海口城市形象的影响力。

四、加强新兴媒体融合集群建设,提升世界舆论话语权

媒体传播能力是一个国家或城市国际传播能力的重要组成部门,西方国家通过组建巨型国际传媒集团,有效控制着全球信息流动与传播。习近平总书记特别指出,"要着力打造一批形态多样、手段先进、具有竞争力的新型媒体集团。"[①]按照这一要求,各城市应在现有基础上,加大基础设施投入力度、完善政策与资金支撑保障体系,通过实施重点项目和重点工程,集中打造一批融合多种传媒业务和传播形态,具有一定的区域和国际竞争力的传媒集团,有效改变城市形象传播受制于人的局面,提升对世界舆论的引导能力。

五、推进传媒文化创意产业发展,夯实全球传播产业链

在全球知识经济和产业融合的大背景下,文化产业已经超出其原有的产业边界,日益成为影响产业变革和国家核心竞争力的重要因素。文化产业跨国贸易的影响已远远超越了原有的经济范畴,发达国家如美国通过电影、音乐、书籍和期刊等传媒类产品的出口,对世界其他国家的政治产生不小的影响,而发展中国家也可以通过文化产品和服务贸易出口提高其文化特殊性的地位,并通过"文化的声音"提高自身国际话语权[②]。因此,应大力推进传媒文化产业发展,积极探索国际文化贸易发展的新路径和新模式,培育文化贸易国际竞争力,拓展国际文化贸易经济增长的新空间,为中国城市国际传播能力建设夯实经济基础。

---

① 闫凌竹.认真学习习近平总书记重要论述 大力推动媒介融合发展[J].中国广播电视学刊,2015(4).
② 李本乾,刘强.中国传媒国际竞争力研究报告(2015)[M].北京:社会科学文献出版社,2015:2.

第四章

全球媒介对广州城市形象的建构与传播

第一节　研究背景

2018年2月24日,广州市国土资源和规划委员会向社会公众发布《广州市城市总体规划(2017—2035年)》草案,提出把广州建设成为"活力全球城市"的远景目标。根据萨森(Saskia Sassen)的权威论述,全球城市需要具备三方面关键特征,分别为"强大的全球资源配置能力和全球综合服务功能""自我更新、自我革命的内在机制和创新能力"以及"以人文环境和人力资源为核心的城市软实力"。从国际全球城市发展历史经验看,全球城市三个特征的权重关系并不固定,如果说"工业经济时代的全球城市突出生产制造型国际经济中心的地位,服务经济时代的全球城市强调综合性的服务能力",在全球经济深度融合的当下,单纯的经济实力、服务能力已无法完全确保大型城市的国际竞争优势地位,"文化软实力竞争逐渐成为全球城市发展的关键词"①。

城市形象是城市文化软实力的重要构成,放眼世界,国际顶尖城市无不高度重视城市形象的塑造和传播,以期借此提升城市文化的竞争力、影响力和辐射力。或许正是因为认识到这一点,2018年1月下旬,利用参加冬季达沃斯论坛的契机,广州首次举办"广州与世界的对话"城市形象全球推介活动,开启了2018广州国际传播年的大幕。当前,学术界已反复讨论过北京、上海等城市的国际传播能力建设相关问题,但迄今仍少有对同为中国一线城市的广州国际传

---

① 廖志强,刘晟,奚东帆.上海建设国际文化大都市的"文化＋"战略规划研究[J].城市规划学刊,2017(S1):94-100.

播能力建设问题的讨论,而对广州国际形象的实证分析则更为鲜见。鉴于此,本书试图通过考察全球媒体广州报道的演进趋势,特别是相关报道的议程、框架特征,描绘国际舆论场上的广州城市形象,并基于这些分析,提出优化和提升广州全球城市形象的策略和路径。

第二节　研究现状

城市形象的构建与传播是国际学术界的经典话题。早在 20 世纪 60 年代,美国学者 Kevin Lynch 就在其开创性的著作《城市形象》中探讨了城市形象的特性、结构和意蕴。1972 年,基于对美国 1935 年和 1968 年两个时期城市形象塑造的比较研究,James M.Hughes 概括出了当时城市形象形成的两类主要模式[①]。1980 年代中后期,城市形象等概念进入国内学术界的视野,卢济威等研究者结合特定案例,较早探讨了城市建筑规划与城市形象塑造等相关话题[②]。21 世纪以来,随着城市建设与管理精细化程度的提升,形象作为一个城市"脸面"及对外联系"窗口"的功能日趋凸显,城市形象的塑造与传播成为人文社科诸多学科领域研究热点。

概而言之,当前,国内学术界关于城市形象的相关研究主要沿三个学术脉络展开。其一,从景观设计及营造的角度探讨城市形象的定位、构造及识别等议题,如金煜等以秦皇岛"秦皇大道"景观设计为例,探讨了文化、生态与景观融合视野下城市形象规划设计的理论与实践问题[③];其二,基于市场营销、产业发展等视角探讨城市形象的经营和管理问题,如王伟年剖析了文化产业发展与城市形象构建的理论关联[④],王蔚以成都市温江区为例,探讨了城市形象整合营销传播的创新路径[⑤];其三,鉴于大众传媒建构与传播城市形象的重要功用,不少研究者探讨了大众传媒语境下城市形象建构与传播问题,如杜丹利用 UGC

① 陈柳钦.城市形象的内涵、定位及其有效传播[J].湖南城市学院学报,2011,32(01):62-66.
② 卢济威.油城建筑与城市形象——孤岛新镇建筑设计[J].建筑学报,1989(08):29-32.
③ 金煜,闫红伟.文化、生态与景观融合的城市景观大道规划设计——以秦皇岛市"秦皇大道"景观规划设计为例[J].沈阳农业大学学报(社会科学版),2012,14(04):479-483.
④ 王伟年,刘志勇.文化产业对城市形象构建的影响探析[J].江西社会科学,2006(07):187-190.
⑤ 王蔚,王光阵.城市形象整合营销传播路径的实践研究——以成都市温江区为例[J].成都师范学院学报,2017,33(07):98-103.

视频及网络评论,探讨了苏州市民参与苏州形象塑造的文化实践①,薛可通过以《纽约时报》与《中国日报》2007 年至 2016 年涉沪报道为例,比较研究了中美媒体报道上海形象的框架特征,并构建提出了优化城市形象对外传播的对策建议②。

近年来,得益于大数据分析理念和技术的日趋成熟,越来越多的研究者开始依托新的平台,重新探讨城市形象相关议题,并贡献出不少原创性成果,如陈云松等人利用谷歌图书海量书籍数据,分析了近 300 年来中国代表性城市国际知名度演进历程,总结出中国城市国际知名度获得过程的主要模式和关键特征③。吴青熹等基于互联网搜索引擎和社交媒体大数据,分析了我国城市国际关注度的总体结构和特征,得出国际化程度较高的中国大城市,其互联网国内关注度和国际关注度存在格兰杰因果关系等重要结论④。邓宁等以社交图片网站 Flickr 中的北京相关图片元数据集为数据来源,采用计算机文本分析的方法,从认知形象、情感形象两方面实证分析了北京在线旅游形象⑤。不过,这方面的研究尚处于起步阶段,有很大的开拓空间。

总之,当前国内外学术界在城市形象塑造与传播问题上做了不少探讨,但大多数研究以案例分析、抽样分析为主,在新闻传播领域,缺少基于全样本、大数据的城市形象议程及框架分析。此外,与广州作为我国"一线城市"的地位相比,学术界对广州城市形象的关注明显不足。故此,本书试图依托过去五年间全球媒体广州报道海量数量,对国际媒体涉穗报道的议程、框架分布情况展开分析,呈现广州形象全球传播的演进态势,是有价值的尝试。

---

① 杜丹.镜像苏州:市民参与和话语重构——对 UGC 视频和网友评论的文本分析[J].新闻与传播研究,2016,23(08):88-108+128.
② 薛可,栾萌飞.中美新闻框架下的上海形象建构——基于《纽约时报》与《中国日报》的对比研究(2007—2016)[J].新闻记者,2017(03):63-70.
③ 陈云松,吴青熹,张翼.近三百年中国城市的国际知名度 基于大数据的描述与回归[J].社会,2015,35(05):60-77.
④ 吴青熹,陈云松.我国城市国际关注度的总体结构与特征——基于互联网搜索引擎和社交媒体的大数据分析[J].南京大学学报(哲学·人文科学·社会科学),2015,52(05):137-146.
⑤ 邓宁,钟栎娜,李宏.基于 UGC 图片元数据的目的地形象感知——以北京为例[J].旅游学刊,2018,33(01):53-62.

第三节　研究发现

本书的数据来自道琼斯和路透社共同发起建立的 Factiva 全球新闻数据库。该数据库是目前世界上收录新闻报道最广泛的数据库之一，共整合了全球约 160 个国家、超过 20 种语言的 10 000 多种权威信息来源。借助 Factiva 数据库，本书重点检索了 2013 年至 2017 年间年全球媒体有关广州的全部报道，从整体趋势、相关议程和消息来源等方面对这些报道进行统计分析。

一、广州形象全球媒体关注度演进趋势

（一）全球媒体广州报道时序演进

由图 4－1 可知，改革开放以来，全球媒体对广州的报道数量和关注程度基本呈逐年递增态势，并在刚刚过去的 2017 年达到历史顶点。具体来说，20 世纪 90 年代之前，广州的全球媒体报道数量总体上保持在相对稳定的低位，没有明显的增幅。1992 年至 1994 年间，以邓小平"南方讲话"为界标，中国改革开放迈入新阶段，相应的，作为中国南方对外开放的枢纽性城市，广州的全球媒体报道量也出现了第一个较为明显的增长期，在短短三年间就翻了一番。全球媒体广州报道数量的第二个增长期发生在 1997 年到 1998 年间，彼时，香港回归是全球媒体关注的焦点，而作为香港毗邻的重要城市，广州也在不期然间得到了全球媒体更多的关注。从 2001 年开始，全球媒体广州报道数量进入长达十年的快速增长期。2001 年，全球媒体广州报道数量为 9 805 条，但到 2010 年这一数值已经达到 42 245 条，是 2001 年的 4.3 倍。2010 年后，全球媒体涉穗报道数量起伏不定，甚至在 2011 年和 2016 年有较为明显的下滑，但仍保持整体上的增长势头。

（二）全球媒体广州报道语言分布

由表 4－1 可见，从全球媒体广州报道语言分布情况看，英文报道数量居首，遥遥领先于其他语种的广州报道。排位前十的语种除了日文、印尼文和马来文主要在东亚、东南亚使用外，其他语言大多为西方国家使用的语言文字。由于西方国家具有长时期的殖民统治史，因此英文、西班牙文、法文等语言文字

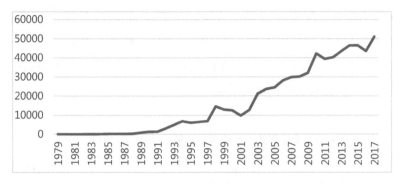

图 4-1 全球媒体广州报道数量(1979—2017)(篇)

除了在母国被使用外,还在非洲、拉丁美洲等地区得到广泛应用,这在某种程度上是这些语种广州报道数量较多的原因之一。

表 4-1 全球媒体广州报道排位前十的语言(2013—2017)

序号	语言	报道数量(篇)
1	英文	202 343
2	德文	7 236
3	西班牙文	5 165
4	法文	3 916
5	日文	3 148
6	意大利文	2 673
7	葡萄牙文	1 222
8	印尼文	940
9	马来文	705
10	荷兰文	556

(三)全球媒体广州报道信源特征

由表 4-2 可见,在排位前十的消息源中,来自中国内地的媒体占据 2 席,分别是排位第二的 *China Daily* 和排位第十的 *Xinhua News Agency*。中国台湾和中国香港地区的媒体对广州的报道数量也较多,其中 *Taiwan*

Economic Journal 和 *South China Morning Post* 在 2013 年至 2017 年间的涉穗报道数量分别为 18 694 条和 8 371 条,分列排行榜第 2 和第 6 位。除了美通社和路透社,传统意义上的国际传媒巨头都没有出现在排行榜上,这在某种程度上说明了广州相对弱势的国际传播地位。

表 4 - 2 全球媒体广州报道排位前 10 的信源(2013—2017)

序号	信源	报道数量(篇)
1	NewsRx Medical Newsletters—All sources	20 042
2	Taiwan Economic Journal—All sources	18 694
3	China Daily—All sources	16 863
4	Dow Jones Newswires—All sources	13 824
5	CCM Industry News Snapshots	8 817
6	South China Morning Post—All sources	8 371
7	Rim Intelligence—All sources	6 392
8	PR Newswire—All sources	6 375
9	Reuters—All sources	5 171
10	Xinhua News Agency (China)	3 905

除了传媒机构,记者也是国际新闻报道重要的"把关人"。从这方面观察,可以发现在全球媒介场上,供职于香港媒体的记者是广州形象国际传播最重要的"把关人"。由表 4 - 3 可知,在全球媒体报道广州数量排位前 10 的记者中,有 4 位供职于香港新闻媒体或内地媒体的香港分支。道琼斯通讯社也有两位记者上榜,分别是排位第 3 的 Esther Fung 和排位第 9 的 Joanne Chiu。在排位前 10 的记者中,只有 4 位供职于西方传媒巨头,而其他 6 位都供职于中国(包括香港地区)的传媒机构。这一方面说明目前中国媒体是全球广州报道最主要的信息源,另一方面同样可以说明广州目前尚不太容易赢得国际传媒机构记者足够的重视和报道。

表 4-3 全球媒体报道广州数量排位前 10 的记者(2013—2017)

序号	记者姓名	供职机构	报道数量(篇)
1	Mimi Lau	scmp.com（Hong Kong）	655
2	Zheng Caixiong	China Daily-Hong Kong Edition	545
3	Esther Fung	Dow Jones Institutional News	467
4	Jingxi Xu	China Daily	399
5	Reggie Le	Platts Coal Trader International	375
6	Wenfang Li	China Daily	319
7	Langi Chiang	scmp.com（Hong Kong）	231
8	Zheng Yangpeng	scmp.com（Hong Kong）	230
9	Joanne Chiu	Dow Jones Institutional News	217
10	Mike Cooper	Platts Coal Trader International	194

二、广州城市形象的全球报道议程分布

由图 4-2 可见,全球媒体广州报道的议程大致可以分为四类,首先是工业及企业框架,如在议程榜上排在首位的"企业/工业新闻",排在第 2 位、第 6 位的"公司简介""企业受益"等;其次是金融及理财框架,如分布排在第 4 位、第 11 位的"股权资产类别新闻""个人理财"等;再次为政治与外交框架,如第 7 位的"国内政治"、第 10 位的"政治/综合新闻"、第 17 位的"外交关系/事务"等;最后则是科学研究框架,如第 5 位的"科学/人文科学"、第 16 位的"卫生/医药"等。此外,全球媒体也比较多地在与能源、会议有关的新闻中报道广州。

进一步分析,还可以发现广州形象的全球报道议程具有如下几方面的特点。第一,与上海等城市相比,"工业"广州的形象比"金融"广州的形象更为凸显。虽然打造全球金融中心也是广州全球城市建设的重要方面,但至少从目前的情况看,全球媒体显然更关注广州工业发展的面相,而相应地,虽然上海仍然是我国重要工业及制造基地,但 2010 年以来,排在首位的上海形象全球报道框

架已悄然实现从"企业/工业新闻"向"证券市场"的转移①。

第二,广州与相关国际事务的关联程度有待挖掘和提升。虽然"外交关系/事务"在议程表尚占据一席之地,但总体而言,全球媒体对广州的报道主要关注的是广州与某些中国内部事务的关联,把广州与某些国际事务联系起来报道的新闻相对较少,而这在一定程度上也暴露了广州触发国际"事件"、参与国际议程设置能力的不足。

第三,科技形象,特别是医疗卫生领域的科技形象,是广州全球城市形象的一大亮点。科技创新是全球城市活力的源泉,建设国际科技创新枢纽是广州全球城市建设的重要任务。在这方面,广州丰富的高等教育、科研院所,特别是优质的医疗卫生资源是广州全球科技创新中心城市形象构建的重要抓手及核心要素。

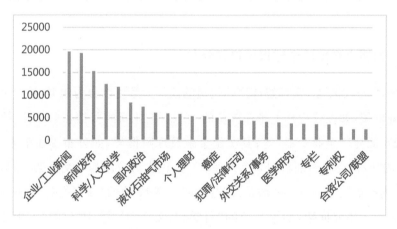

图 4-2　全球媒体广州报道议程分布(2013—2017)(篇)

三、广州城市形象的全球报道框架特征

(一)全球媒体广州报道地名框架

由图 4-3 可知,除了把广州表述为中国或广东省的一个城市外,全球媒

① 王大可,张云帆,李本乾.基于效果评估的城市形象全球传播能力提升策略与路径——以上海为典型案例的考察[J].新媒体与社会,2017(04):41-57.

倾向于凸显广东与中国沿海省份、特区的关联。在当代中国的经济、文化版图中,相对来说,沿海省份的经济较为发达,文化也更加开放,因此,更多地把广州和深圳、江苏等放在一起报道,也意味着全球媒体对广州经济发展、文化开放形象的认知。此外,全球媒体还经常把广州和香港、台湾地区放在一起报道,产生这一现象的原因,除了广州与这些地区在地理的意义更为邻近外,也多少彰显出广州与这些同属闽台文化圈的重要城市或地区,在人文交往方面的密切联系。最后,除了国内沿海省份外,全球媒体在有关广州的报道中还非常多地提及美国、澳大利亚、英国等欧美发达国家,这在某种程度上也是广州参与国际事务的一种体现。

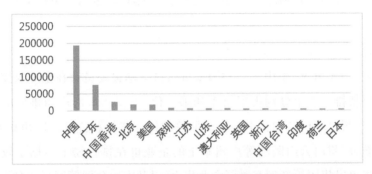

图 4 - 3　全球媒体广州报道排位前 15 的地名框架(2013—2017)(篇)

（二）全球媒体广州报道行业框架

由图 4 - 4 可见,全球媒体广州报道的行业框架主要包括三类,其一是"汽车业""航空业""工业产品"等与企业生产、流通及服务有关的工业/企业行业框架;其二为"原油、天然气""化学品"乃至"药品"等生化能源行业框架;其三,还包括房地产、银行信贷等第三产业行业框架。可以发现,虽然在排列次序上有所差异,但总体上全球媒体广州报道行业框架和主要议程有十分内在的相关性。首先,工业/企业行业框架占绝对主导地位。原油、天然气虽然占据行业框架表首位,但其中不少新闻其实是汽车、航空业新闻的"衍生品"。其次,银行信贷行业框架不太凸显。金融、信贷是现代社会经济运转不可或缺的助推剂,在"房地产"等对金融、信贷有极为强烈需求的行业登上行业框架排行榜前三位的情况下,银行信贷也仅仅排的第 7 位,这在某种程度上确实说明了广州在金融形象方面的短板。

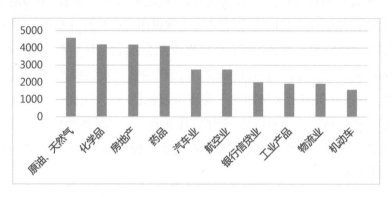

图 4‑4　全球媒体广州报道排位前十的行业框架(2013—2017)(篇)

（三）全球媒体广州报道机构框架

由表 4‑4 可见,中山大学和国家自然科学基金委员会在全球媒体广州报道机构框架排行榜上分别占据第 1 和第 3 位,不仅凸显出广州雄厚的科研实力,也是广州全球科技创新中心城市形象的绝佳依托和佐证。广州富力地产、中国南航、广州白云山医药等广州本土的企业也在排行榜上占据了较高的排位。阿里巴巴集团等新型互联网企业代表,以及丰田公司等国际知名企业也出现在排行榜上,提示依托国际公司力量,增强广州形象全球"见光度"的思路。

表 4‑4　全球媒体广州报道排位前 15 的机构框架(2013—2017)

序号	机构	报道数量（篇）
1	中山大学	7 259
2	广州汽车集团股份有限公司	3 894
3	中国国家自然科学基金委员会	2 578
4	广州富力地产股份有限公司	1 879
5	中国南方航空股份有限公司	1 670
6	中国石油化工股份有限公司	1 431
7	阿里巴巴集团	1 357
8	丰田汽车公司	1 036

（续表）

序号	机构	报道数量(篇)
9	菲亚特汽车公司	996
10	广州白云山医药集团股份有限公司	968
11	香港铁路有限公司	917
12	中国移动通信集团公司	826
13	本田技研工业株式会社	819
14	中船海洋与防务装备股份有限公司	808
15	中华人民共和国国家统计局	725

（四）全球媒体广州报道人物框架

有研究者指出，"在发达国家与发展中国家之间，媒介议程一般是从前者流向后者，而很难从后者流向前者"，但发展中国家可以有意识地"通过名人效应影响国际传媒议程""间接达到设置国际传播议程的目的"[①]。应该说，这个说法是可以成立的。通过对全球媒体广州报道最常提及人物的考察（见表4-5），可以发现，排在前15位的人物可以说都是国际知名人士。具体而言，一类是中国及其他国家主要领导人，另外一类则是跨国公司的董事长或CEO。从高层人物国别分析，中国上榜的人数最多，占据了六席，其次是美国，占据了三席。此外，加拿大、印度、日本、俄罗斯、意大利和新加坡也各有一位高层人物上榜。

表4-5　全球媒体广州报道排位最常提及的15位高层人物(2013—2017)

序号	高层人物	国别(地区)	职位	报道数量(篇)
1	习近平	中国	主席	7 259
2	李克强	中国	总理	3 894
3	特朗普	美国	总统	2 578
4	奥巴马	美国	总统	1 879

---

① 李本乾.关于党报对外传播模式创新的思考——以解放日报报业集团"文化讲坛"为例[J].人民论坛,2011(26):194-195+256.

（续表）

序号	高层人物	国别(地区)	职位	报道数量(篇)
5	特鲁多	加拿大	总理	1 670
6	林郑月娥	中国(香港)	特首	1 431
7	王健林	中国	董事长	996
8	莫迪	印度	总理	968
9	安倍晋三	日本	首相	917
10	普京	俄罗斯	总统	826
11	马尔乔内	意大利	CEO	819
12	库克	美国	CEO	725
13	郭台铭	中国(台湾)	董事长	167
14	李显龙	新加坡	总理	151
15	马云	中国	董事长	148

第四节　结论与建议

通过对 2013 年至 2017 年全球媒体广州报道整体趋势及议程和框架分布特征的分析,可以发现,在全球城市建设背景下,广州的全球传播能力不断增强,且在工业、卫生、科技等领域初步形塑了具有国际知名度和国际影响力的城市形象。与此同时,本书还发现与北京、上海等另外几个中国一线城市比,广州的国际关注度还存在相当大的差距。此外,在参与国际事务、引导国际议程等方面,广州也存在亟待补强的短板和不足。

鉴于这些分析和讨论,本书认为在新的历史情境下,广州要进一步提升国际传播能力,促进“美丽宜居花城,活力全球城市”形象的构建与传播,广州需要加强如下几方面工作。

一、统一传播口径,畅通协调机制

东京是 2020 年奥运会主办地。为借助奥运契机加强东京形象的全球传播,早在 2015 年,包括东京在内的日本各级政府及相关机构,就开始着手推动东京形象对外传播的各项工作,并探索形成了"全日本体制"的工作机制,也即由日本中央政府协调统一东京形象全球传播的口径和政策,由东京奥运会组委会协调政府、经济界、JOC 等各部门成立东京形象全球传播"具体工作小组"。此外,还积极动员基层政府和相关文化机构、民间团体共同参与东京形象的塑造和推广。[①] 相应地,广州也应由政府出头,尽快制定广州形象国际传播行动方案,统一广州形象全球传播的口径和标识,畅通各方主体参与广州国际传播能力建设的协调机制,构筑"1+1>2"的协调传播格局。

二、服务国家战略,拓宽传播平台

广州国际传播能力建设的历史与现状表明,广州形象的全球知名度及美誉度与中国及广州对外开放的进程息息相关。广州曾经是中国对外开放的桥头堡,但随着我国全方位对外开放格局的逐渐形成,广州逐渐丧失了对外开放桥头堡的功能。在当前的语境下,把广州建设成为"国家中心城市""肩负国家战略""通过航空、航运、科技创新枢纽建设,参与全球城市竞争"[②],是广州的全新定位和必然选择,而这同时也给广州形象全球传播空间和渠道的拓展提供了新的机遇。2017 年,广州先后承办了冬季达沃斯论坛、中国发展高层论坛等重要活动,也因此吸引了全球关注的目光。今后,广州同样应该充分发挥自身资源、积极服务国家战略,通过承办重大外事活动、参与重点交流项目等多种形式,拓宽自身对外交流的渠道。

三、发展创意产业,筑牢传播基础

文化创意产业包含创意设计、数字传媒、文娱演艺、文化旅游等诸多门类,是信息传播和文化交流的重要内容和通道,正如研究者所说,发达国家,如美国通过发展文化产业和文化贸易,对世界其他国家特别是新兴国家和发展中国家的政治、价值观施加着深远的影响,而发展中国家同样可以凭借文化产业和文化贸易的发展提振国际影响,通过"文化的声音"提高自身国际话语权[③]。鉴于

---

①　魏然.2020 年东京奥运会城市形象国际传播策略及启示[J].体育文化导刊,2017(03):30-34.
②　曾德雄.广州迈向全球城市的文化思考[J].人民之声,2017(07):7.
③　王大可,李本乾,冯妮.全球媒体视域下的福建形象[J].对外传播,2018(05):68.

此,广州应充分利用文化创意资源丰富的宝贵优势,进一步加大文化创意及旅游产业扶持力度,提升面向东南亚乃至全球的文化产品贸易能力,形成文化创意产业发展与国际传播能力建设协同并进的良好局面。

四、布局智能传播,丰富外宣手段

"新型国际传播体系,必然与媒体融合的大趋势相适应",而互联网发展进入以数据和场景为核心的智能媒体时代的背景下,"追求高智能"势必成为"未来国际传播体系布局"的关键点之一①。虽然在国内语境下,广州在以媒体融合为方向的新型媒体建设上走在全国前列,但在外宣媒体建设方面,广州与国内外顶尖城市相比存在较大的差距。在媒体融合向智能化纵深发展的背景下,广州更应加紧国际智能传播布局,充分利用人工智能技术优势,从传播内容和受众定位两个维度上减少城市形象跨文化传播过程中可能遭遇的文化折扣,实现广州形象的精准化传播。

---

① 胡正荣.国际传播的三个关键:全媒体·一国一策·精准化[J].对外传播,2017(08):10-11.

第五章

全球媒介对福建区域形象的建构与传播

第一节　研究背景

　　"一带一路"是党中央统筹国际国内大局,借由古代海陆丝绸之路的概念所构建的中国与沿线国家和地区共同发展、共同繁荣、文明互鉴、民心相通的宏阔倡议。2015 年 3 月,经国务院授权,国家发改委等部委联合发布《推动共建丝绸之路经济带和 21 世纪海上丝绸之路的愿景与行动》(下称《愿景与行动》),系统阐明了中国政府推进"一带一路"倡议背景、原则、思路及具体举措,其中特别提到支持福建"建设 21 世纪海上丝绸之路核心区"[①]。

　　"一带一路"的建设重点是"五通",也即政策沟通、设施联通、贸易畅通、资金融通和民心相通,其中民心相通是"一带一路"建设的社会根基。"民心工程建设主要依靠传播手段"[②],通过有效实施城市支点、典型区域传播战略和国家传播战略,增强沿线国家和地区对"一带一路"倡议知晓度和认同感,可谓"一带一路"民心工程建设的当务之急。福建是我国东南沿海经济大省,与世界各国经济联系、文化往来密切,特别是在悠久的历史交往中,建立了与"海上丝绸之路"国家和地区友好往来的人际基础、文化基础和民众基础,在新形势下进一步发挥这些独特优势,加强福建国际传播能力建设,提升福建及中国形象在"海上丝绸之路"国家和地区的辐射力、影响力,既有助于福建 21 世纪海上丝绸之路

---

① 国家发展改革委,外交部,商务部.推动共建丝绸之路经济带和 21 世纪海上丝绸之路的愿景与行动[N].人民日报,2015 - 03 - 29(004).

② 张昆.传播先行,实现民心相通——服务丝绸之路经济带建设的国家传播战略[J].人民论坛·学术前沿,2015(09):62 - 72.

核心区建设的整体进程,也事关"一带一路"国家倡议顺利推进的全局。

第二节　文献回顾

区域形象研究是国内外学术界的经典话题。早在 20 世纪 60 年代,国外学者 Kevin Lynch 等人就出版了《城市的形象》和《地方性和非地方性》等区域形象研究的开创性著作。从 20 世纪 70 年代开始,不同学科的学者纷纷进入区域形象研究的领域,贡献出一批围绕区域旅游发展、区域竞争力评价、地区营销、区域文化战略等主题展开的重要著作,初步奠定了区域形象研究的视界和基础①。

从 20 世纪 90 年代开始,一方面由于国外相关研究成果的译介,另一方面也由于国内学者越来越多地认识到良好区域形象在提升区域竞争力、推动区域可持续发展中的重要作用②,区域形象的研究逐渐成为国内学术界的热点话题。概括而言,学术界相关研究大致可以分成三类。其一,区域形象的设计与塑造研究,如禹贡等研究者以常德区域形象设计为例,探讨了区域形象识别系统的概念、构成及运作机制等问题③,晁纲令通过对上海城市定位的分析,探讨了上海区域形象设计与塑造的原则和方向④。其二,区域形象指标体系构建及评价研究,如丁新等研究者采用结构方程模型研究方法,对新疆区域形象的影响因素展开实证分析,提出了"一带一路"倡议背景下,提升新疆区域形象的对策建议⑤,章锦河借鉴企业形象设计基本原理,构建提出了评价区域旅游形象的基本思路和指标体系⑥。其三,大众传媒与区域形象的构建和传播研究,如王金珊以《内蒙古新闻联播》为例,探讨了电视新闻对内蒙古区域形象的塑造和

---

① 王飞,冯年华,曾刚.区域形象研究的回顾与展望[J].经济师,2006(03):259 - 260.
② 马志强.论区域可持续发展中的区域形象问题[J].商业经济与管理,1999(06):20 - 22.
③ 禹贡,常立新.论区域形象识别系统——兼论常德区域形象设计问题[J].武陵学刊,1995(05):100 - 103.
④ 晁纲令.门户型的现代商业中心——论不夜城的区域形象定位及其构筑[J].上海经济,1997(04):18 - 20.
⑤ 丁新,顾文斐,高志刚.基于结构方程模型的新疆区域形象影响因素研究[J].天津商业大学学报,2016,36(01):60 - 67.
⑥ 章锦河.旅游区域形象价值评价指标体系的初步研究[J].安徽师范大学学报(人文社会科学版),2001(01):138 - 141.

影响,邓元并采取内容分析研究方法对西方媒体上的河南形象进行了实证分析[①],并提出了改进河南国际形象的对策建议[②]。

此外,还有一些研究更具体地讨论了与福建区域形象有关的议题,如吴小冰借助品牌形象和城市文脉的理论,重点探讨了福州、厦门、平潭三个地区的历史文脉,并在此基础上构建提出了福建自贸区的品牌形象定位[③];管宁从整合元素、提炼内涵和强化传播三个方面论述了福建文化形象塑造的方式与路径[④]。但总的来说,此类研究不仅数量有限,还相对缺乏基于大数据的福建形象实证分析,未来仍有较大的推进空间。

第三节　研究发现

一、全球媒体涉闽报道数量及趋势

（一）全球媒体对福建的关注度总体上升

从图5-1可知,以全球媒体对福建的报道和关注程度为标尺,福建的国际传播能力在2007—2016年间总体上不断增强,但"先升后平",前后增长速度有一定差异。2007、2008年两年,全球媒体涉闽报道相差不到400篇,基本保持平衡。随后两年,福建的全球媒体曝光率显著增加,2009年全球媒体福建报道为15 631条,比2008年增加了2 135条,2010年的增长速度更快,在2009年的基础上又大幅增加了4 578条。不过,2010年全球媒体福建报道数也几乎是这10年的峰值,2013年的报道数量为20 545条,也只比2010年多了300余条。2011、2012和2014年这三年全球媒体的报道数量都少于20 000条,较邻近年份有较为明显的减少。不过,从2015年和2016年的情况看,全球媒体的福建报道数量已基本稳定,不易再出现前些年的"滑坡",但也没有呈现较快增

① 王金珊,李静波.电视新闻的播出与区域形象的构建——以《内蒙古新闻联播》为例[J].内蒙古师范大学学报(哲学社会科学版),2015,44(05):126-128+132.

② 邓元兵.区域形象:西方媒体的报道与我们的建构策略——以河南省为例[J].郑州大学学报(哲学社会科学版),2017,50(02):154-157.

③ 吴小冰.基于文脉的福建自贸区品牌形象定位研究[J].东南传播,2017(03):95-97.

④ 管宁.整合元素　提炼内涵　强化传播——福建文化形象塑造的方式与途径[J].福建论坛(人文社会科学版),2009(12):111-114.

长的态势。

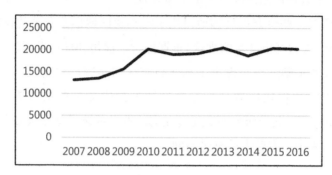

图 5 - 1   全球媒体福建报道数量(2007—2016)(条)

具体到一年内(2016 年)的情况,由图 5 - 2 可知,全球媒体涉闽报道月度分布总体上较为平均,没有太大的波动,这也意味着福建的全球媒体关注度大致处于稳定状态。5 月和 9 月的报道数量相对较多,分别为 2 212 和 2 122 条,而其他月份的报道数量都没有超过 2 000 条。

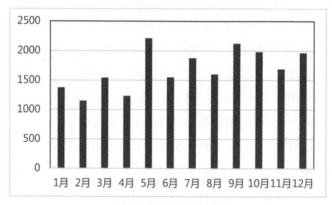

图 5 - 2   全球媒体福建报道数量月度分布(2016)(条)

(二)福建的国际媒体关注度不及其他沿海省份

本书还将全球媒体对福建的报道与对广东、广西、浙江等沿海省份的报道进行了比较分析,如图 5 - 3 所示。在过去十年,这四个省份的全球媒体关注度曲线走向基本一致,即从 2007 年开始逐年增强,在 2010 年达到顶峰后又有短

暂下滑,随后又大致围绕 2008、2009 年的水平轻微波动。事实上,同时期国内
其他省份甚至全国对外传播能力的变动也基本遵循类似的走向。据郭可等
人①及本书作者的前期研究②,2010 年,因上海世博会的召开,全球媒体对中国
的关注程度激增,随后几年,虽然我国仍在主办不同类型的国际盛会,但国际社
会的参与程度及盛会本身的持续时间都无法与世博会相比,故此,全国各省份
的全球媒体关注度在 2010 年后都有所下滑,很少能恢复至甚至超过 2010 年的
水准。

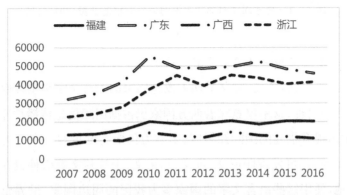

图 5－3　全球媒体对福建等沿海省份的报道数量(2007—2016)(条)

　　与此同时,如图 5－4 所示,还可发现,在福建、广东、广西、浙江四个沿海省
份中,福建的国际传播能力仅略高于广西,与广东、浙江相比则有明显的差距。
2016 年,全球媒体涉闽报道共 20 290 条,不及浙江、广东有关报道条数的一半,
差距十分明显。这意味着,福建要真正成为"21 世纪海上丝绸之路核心区",承
担好"21 世纪海上丝绸之路人文交流的重要纽带"的使命,亟待加大国际传播
能力建设投入,提升国际传播能力建设效果。

————————————

①　郭可,吴瑛.全球媒体中的世博会舆情分析[J].新闻大学,2011(01):45-54.

②　王大可,张云帆,李本乾.基于效果评估的城市形象全球传播能力提升策略与路径——以上海为典型案例的考察[J].新媒体与社会,2017(04):41-57.

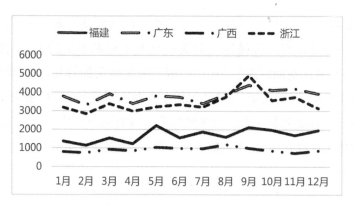

图 5-4　全球媒体对福建等沿海省份的报道数量(2016)(条)

（三）西方国家和新兴国家是国际福建报道的主体

由表5-1可知,英文、德文等西方发达国家的语言文字是全球媒体福建报道使用最多的语种,这不仅意味着西方国家仍占据国际信息传播秩序的主导位置,也提示出提升福建的国际知名度、影响力仍要高度重视面向西方国家的传播力度。此外,还可发现印尼文、俄文、马来文、土耳其文等语种也在榜单上占据一席之地,使用这些语言文字的国家多为我国的周边国家、世界范围内的新兴国家和发展中国家,绝大多数与我国签署了"一带一路"建设合作协议。可以想见,随着"一带一路"建设的推进,我国与这些新兴国家的交流往来将愈加密切,着力加强针对这些国家的传播力度,不仅可以为"一带一路"在这些国家的落地夯实民心基础,还能为福建的国际传播能力建设开辟新渠道、拓展新空间。

表 5-1　全球媒体福建报道语种分布(2016)

序号	语种	序号	语种
1	英文	7	意大利文
2	德文	8	印尼文
3	西班牙文	9	俄文
4	法文	10	瑞典文
5	日文	11	马来文
6	葡萄牙文	12	丹麦文

（续表）

序号	语种	序号	语种
13	韩文	17	匈牙利文
14	捷克文	18	挪威文
15	荷兰文	19	波兰文
16	土耳其文	20	阿拉伯语

注：简体中文和繁体中文报道情况不在统计之列。

二、全球媒体涉闽报道议程分析

（一）全球媒体福建报道主题分布情况

由表 5 - 2 可知，各类经济新闻，如公司介绍、能源市场、企业并购等方面的消息在全球媒体福建报道中占了相当大的比重。由于福建位处沿海，经常受到台风及其衍生的各类自然灾害的侵扰，气象新闻也是国际媒体报道福建的主要形式。虽然"科学/人文科学"类新闻也位列新闻主题排行榜 18 位，但很明显，此类新闻不是全球媒体报道福建的主体。虽然福建具有独特的自然景观、悠久的文化传统和杰出的历史人物[①]，但这些宝贵的资源无一是国际媒体关注的热点。

表 5 - 2 全球媒体福建报道主题（2016）

序号	新闻主题	报道数量（篇）	序号	新闻主题	报道数量（篇）
1	公司简介	2335	7	国内政治	889
2	股权资产类别新闻	1669	8	收购/合并	871
3	个人理财	1497	9	飓风	830
4	企业/工业新闻	1434	10	证券市场	781
5	收购/合并/股权	1353	11	统计表	747
6	暴风雨	1013	12	新闻发布	736

---

① 余望.文化软实力背景下地方传媒与特色文化传播研究——以福建省为例[J].东南学术,2015(05)：220-224.

（续表）

序号	新闻主题	报道数量（篇）	序号	新闻主题	报道数量（篇）
13	液化石油气市场	734	17	企业收益	605
14	原油/天然气产品市场	728	18	科学/人文科学	596
15	内容分类	668	19	水灾/具破坏性巨浪	560
16	例行市场/金融新闻	615	20	气象	497

（二）全球媒体福建报道涉及行业情况

由表5-3可知，虽然全球媒体在报道福建时，也会提及生物制药、无人驾驶机等带有更多科技创新色彩的新兴产业，或银行业、保险业等现代金融服务业，但总体来看，福建在全球媒体上的形象与电子信息、石油化工等第二产业形态紧密相连。虽然这一形象与福建实际的产业结构相呼应，但相较于福建深厚的"海丝"文化资源和"海丝"特色品牌形象，则显得十分单薄和单调。

表5-3 全球媒体福建报道涉及行业（2016）

序号	行业名称	报道数量（篇）	序号	行业名称	报道数量（篇）
1	上游原油/天然气产业	621	11	电气公用事业	132
2	化学品	421	12	房地产	128
3	金属矿物开采	360	13	能源	120
4	农业	211	14	无人驾驶机	120
5	药品	211	15	水电能源	117
6	工业电器	193	16	纺织品	114
7	半导体产品	182	17	废品管理/回收服务	114
8	工业产品	178	18	石油化学产品	109
9	银行业/信贷业	160	19	商业银行	109
10	核能发电	154	20	房地产交易	107

（三）全球媒体福建报道涉及机构情况

2016年，福建宏心基金收购德国半导体公司爱思强的计划因美国横加阻挠而宣告失败。这一事件因牵涉多方面复杂的关系而得到国际媒体的广泛关注,也在不期然间提升了福建的国际媒体曝光率,排行榜前 4 的机构中有 3 个与此次事件相关。除此之外,如表 5-4 所示,总体看来,全球媒体报道福建时最常提到的机构多为能源行业的公司,这在很大程度上再次印证了福建作为中国东南沿海重要能源基地、全球能源贸易东亚节点的国际形象。值得注意的是,作为位处福建的中国一流大学,厦门大学在机构排行榜上高居第 2 位,全年有 400 篇涉闽报道提到了厦门大学,显示出高等学校国际化建设在提振地方对外传播能力中的重要作用。

表 5-4 全球媒体福建报道涉及机构(2016)

序号	机构名称	报道数量(篇)	序号	机构名称	报道数量(篇)
1	爱思强公司	906	11	Federal Government of Germany	96
2	厦门大学	400	12	戴姆勒集团	94
3	德国联邦经济与能源部	343	13	中国海洋石油总公司	74
4	美国外国投资委员会	162	14	中石油	74
5	中石化	151	15	中化集团	67
6	中国篮球协会	138	16	沙特国家石油公司	64
7	华侨银行有限公司	132	17	中国核工业集团公司	62
8	国家自然科学基金委	118	18	兴业银行	62
9	国家统计局	115	19	孟山都公司	59
10	紫金矿业集团	104	20	中国外交部	55

(四)全球媒体福建报道涉及地名情况

如图 5-5 所示,除了在"中国"的框架中报道福建,全球媒体还常常把福建和美国、德国关联起来报道。虽然这一情况多少与 2016 年美国反对福建企业收购德国爱思强公司的特定事件有关,但综合 2007 年到 2016 年这 10 年的情况看,美国和德国仍在地区排行榜前列,因此可以认为,与美国及德国的国际合作是全球媒体关注福建的重要动因。香港、台湾、广东和浙江也在排行榜上占据重要地位。这几个省份和特区与福建一样位处我国沿海,彼此间有频繁的人文、经济往来,且都是 21 世纪海上丝绸之路建设的重要枢纽,但国际竞争力和吸引力都较现阶段的福建来得更强,进一步加强与这些地区的合作交流,对福建的国际传播能力建设而言,有可能收获"借船出海"之效。

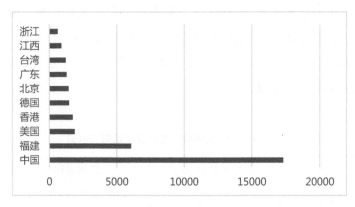

图 5 - 5　全球媒体福建报道涉及地名(2016)(篇)

（五）全球媒体福建报道涉及人物情况

全球媒体福建报道最常提及的人物有两类。其中一类是世界各国政府首脑和重要官员,如中国国家主席习近平、美国总统奥巴马、德国总理默克尔等都高居人物排行榜前列。另一类人物则多为世界著名跨国公司总裁或高管,如爱思强公司总裁、奔驰高管。这揭示出,借助高层人物的全球影响力增强福建国际传播能力的思路。

三、全球媒体涉闽报道信源分析

（一）全球媒体福建报道消息源分布

由表 5 - 5 可知,全球媒体福建报道的消息源大致由三部分组成,其一是我国周边国家及中国香港地区、中国台湾地区的国际报刊,如《台湾经济新报》《南华早报》等;其二是西方国家的主流媒体,如道琼斯通讯社、华尔街日本等;第三类则是我国具世界影响力的英文报刊,如《中国日报》《上海日报》等。由于福建当地的国际报刊并非全球媒体福建报道的核心信源,因此,就目前情况而言,福建加强国际传播能力建设,一方面要加强和周边国家及我国港澳地区国际报刊的合作,另一方面也要充分借助《中国日报》等传播渠道。

表 5-5　全球媒体福建报道消息源分布情况(2016)

序号	信源	序号	信源
1	Taiwan Economic Journal—All sources	11	PR Newswire—All sources
2	Dow Jones Newswires—All sources	12	China Knowledge Press (Singapore)
3	China Daily—All sources	13	Chemicals & Chemistry
4	NewsRx Medical Newsletters—All sources	14	Acquisdata Global Industry SnapShot
5	Reuters—All sources	15	China Weekly News
6	Rim Intelligence—All sources	16	Shanghai Daily
7	South China Morning Post—All sources	17	Platts—All sources
8	Xinhua News Agency (China)	18	The Wall Street Journal—All sources
9	ForeignAffairs.co.nz	19	Central News Agency English News
10	Xinhua—All sources	20	People's Daily Online (China, Spanish Language)

(二) 全球媒体福建报道核心作者

如表 5-6 所示,从核心作者及其供职机构的整体情况分析,国际媒体对福建的关注度不高,有较大提升空间。前 20 位全球媒体福建报道核心作者中有9 位供职于《中国日报》《上海日报》等我国主办的英文国际报刊,他们是福建形象国际传播的推广员和把关人。另外还有 3 位是 Platts Coal Trader International 的记者,他们对福建的报道一般是在对全球能源交易整体报道框架下展开的,一般不会关注福建更为丰富的科技、文化方面。

表 5-6　全球媒体福建报道核心作者情况(2016)

序号	记者	供职机构
1	Hu Meidong	China Daily-US Edition
2	Mike Cooper	Platts Coal Trader International

（续表）

序号	记者	供职机构
3	Jason Zhou	Platts Coal Trader International
4	Zheng Jinran	China Daily-Hong Kong Edition
5	William Wilkes	Dow Jones Institutional News
6	Cao Yin	China Daily-Hong Kong Edition
7	Xu Wei	Shanghai Daily Online
8	Eric Ng	scmp.com（Hong Kong）
9	Michelle Zhao	Platts Coal Trader International
10	Yang Feiyue	China Daily
11	Ellie Wang	Metal Bulletin Daily
12	Yang Ziman	China Daily
13	Du Xiaoying	China Daily-Africa Weekly
14	Pauline D. Loh	China Daily-Africa Weekly
15	Lee Hsin-Yin	Central News Agency English News
16	Jun Mai	South China Morning Post（Hong Kong）
17	Laura Zhou	scmp.com（Hong Kong）
18	Lyu Chang	China Daily
19	Ben Blanchard	Reuters News
20	Mark Magnier	Dow Jones Institutional News

第四节　结论与建议

　　《福建省21世纪海上丝绸之路核心区建设方案》中指出，21世纪海上丝绸之路人文交流重要纽带建设是福建21世纪海上丝绸之路核心区建设的重要内容。习近平总书记指出，加强和完善人文交流机制，要"创新人文交流方式，综合运用大众传播、群体传播、人际传播等多种方式展示文化魅力"[①]。近年来，

---

　　① 习近平.建设社会主义文化强国，着力提高国家文化软实力[J].理论学习，2014(02):1.

福建发掘海上丝绸之路资源、构建传播网络；发展文化产业、夯实传播基础；拓展媒体合作，讲好福建故事；推进公共外交，打造品牌形象，在福建形象全球传播能力构建方面做了不少努力。然而，整体来看，当前福建的全球形象仍比较单调，与福建丰富的文化资源及 21 世纪海上丝绸之路建设对具有全球吸引力、影响力和传播力的福建形象的需要有显著差距。

本书认为在新形势下加强和提升福建形象传播能力，需要从如下四个方面着手开展工作。

一、融入国家战略，广辟传播渠道

作为党中央从全面深化改革和全面对外开放大局发出的重大倡议，"一带一路"对我国"开放型经济体制的构建和对外开放新格局的打造有重要促进作用"①，也因此为被纳入"一带一路"国家倡议的国内各省份更多地参与国际经济文化合作交流，提升对外开放的广度和层次提供了宝贵的机遇和空间。作为 21 世纪海上丝绸之路核心区，福建应充分发挥自身与"海丝"国家联系紧密的独特优势，努力把自身打造成为我国面向太平洋开放的重要门户，并在承担这种历史使命的同时，通过参与国家重点项目、对接国家重大外事活动、用好多样化的国家对外文化交流平台，提升福建在国家对外文化战略中的地位及福建文化的全球影响力。

二、立足协同传播，构建推广体系

"协同性与国际传播能力建设相辅相成"，美国之所以具有非比寻常的全球传播能力，很大程度上是因为其能"突破行政区隔的瓶颈，将与传播有关的各种要素进行统合调配，形成美国国家利益、国家安全框架下整体性的传播战略布局"。② 福建具有异常深厚的经济文化积淀和丰富的国际传播资源③，但由于缺乏明晰的整合思路和完善的统合机制，这些丰富的资源很难转化为福建形象构

---

① 福建社会科学院课题组，李鸿阶."一带一路"倡议与福建对外开放新优势研究[J].亚太经济，2017
　　(04)；107 - 113.
② 程曼丽.国际传播能力建设的协同性分析[J].电视研究，2014(06)；16 - 17.
③ 匡荣韬.以公共外交推动福建"21 世纪海上丝绸之路"核心区建设[J].福建论坛(人文社会科学版)，
　　2016(05)；181 - 186.

建与传播的内在动力。鉴于此,福建首先应牢固树立国际传播能力建设的使命意识,明确国际传播能力建设要全党动手,动员各条战略各个部门一起来做的"大宣传"工作理念。其次,福建应探索建立以外宣部门为主体,党、政、军、民、学多条战线积极参与的省级国际传播能力建设工作协调工作会议制度,定期研判福建形象全球传播的现状与不足,制定面向"21世纪海上丝绸之路"的福建国际传播能力建设短期和长期规划,有效提升全省外宣工作的精准度和有效性。最后,福建还应围绕"央地联动""区域互动"和"省市联手"三条主线构建立体化的福建形象传播和推广体系,开辟福建特色国际传播的多样空间。

三、培育主流媒体,提升外宣能力

虽然在全球互联的时代语境下,国际传播的主体呈现多样化和弥散化的样态,但至少目前,媒体传播能力仍是国家或区域国际传播能力的重要组成部分,"国际传播能力建设的核心是打造具有国际影响力的品牌媒体"[①]。习近平总书记曾经指出,"要着力打造一批形态多样、手段先进、具有竞争力的新型媒体集团。"[②]和国内其他省份相比,福建主流媒体,特别是外宣媒体的数量和影响力都有所不足,这极大妨碍了福建全球媒体关注度的提升。鉴于此,福建应在现有基础上,通过资金、人才、政策的投入,重点打造一家具有全平台传播能力的新型媒体集团,作为福建外宣的主要窗口,努力改变福建报道消息源"旁落"的局面。其次,福建还应强化与我国国家和地方具有区域和国际影响力外宣媒体的战略合作,为这些媒体报道福建事务提供多种便利条件。最后,福建还应大力推动全球传播媒介内容建设,在栏目设置和内容编排上下功夫,推出并打造更多既有福建和中国特色,又为海外受众喜闻乐见的媒介内容产品。

四、发展文化产业,夯实传播基础

当今世界,文化创意产业的重要性已超过其本来的产业边界,成为影响国家软实力乃至整体国际竞争力的重要因素。发达国家,如美国通过发展文化产

---

① 李希光,郭晓科.主流媒体的国际传播力及提升路径[J].重庆社会科学,2012(08):5-12.
② 闫凌竹.认真学习习近平总书记重要论述 大力推动媒介融合发展[J].中国广播电视学刊,2015(04):104-106.

业和文化贸易,对世界其他国家特别是新兴国家和发展中国家的政治、价值观施加着深远的影响,相应地,如一些海外学者的研究指出的,发展中国家同样可以凭借文化产业和文化贸易的发展提振国际影响,通过"文化的声音"提高自身国际话语权。近年来,国家和福建地方政府出台了一系列加快文化产业和文化贸易发展的规划文件,文化部"一带一路"文化发展行动计划(2016—2020年)更明确提出要形成我国与"一带一路"国家文化交流、文化传播和文化贸易互相支撑、协同共进的良好局面。在此背景下,福建应在前期发展基础上,进一步加大对文化创意产业发展的扶持力度,形成数字动漫、设计服务、网络游戏和移动数字内容服务"四轮驱动",文化产品和文化服务"两翼并举"的产业格局,为加强和提升福建形象全球传播能力夯实产业基础。

下　编

第六章
数字时代救灾应急出版的传承与新变

第一节　救灾应急出版的历史传统

"一部二十四史,几乎就是一部中国灾荒史①。"我国是世界上自然灾害发生最频繁的国家之一,早在远古时代,就已有不少关于洪水、地震、火山爆发等自然灾害的记录与传播。在正史、方志、政书、地理等各类古代文献中,关于灾异、丰荒、治水、除虫……的记载更是不绝如缕②。也正因为此,救灾应急一直为历朝历代政府所重视,最迟在《周礼》中,就已经孕育发展出了较为成熟的"荒政",也即救荒之政的思想与实践。信奉文字的力量,是中国文明绵延数千年而不衰的重要原因之一,在政治制度与社会实践之外,运用文字的力量,辑录历代救荒经验,也是我国救灾应急史的重要组成部分。

总体而言,中国古代救灾应急出版主要具有三个特点:第一,"历史悠久,比较系统",甲骨文中已出现关于灾害的记录,至少在宋代,就已出现专门的荒政书籍《救荒活民书》;第二,"种类较多,地区广泛",几乎中国所有地区都有救荒应急文献存世,文献类型涵盖经史子集四大部类,特别是"史部的著录十分丰富,下设的 15 个子目分类中,几乎都有灾荒文献";第三,"连续性、详瞻性、全方位",相关救灾应急出版物不仅涉及的灾害种类包罗万象,对历朝救灾经验和教训的记录也十分详尽③。

---

① 李文海,李光伟.史学要关注现实,尊重历史——李文海教授访谈录[J].史学月刊,2013(07):104-116.
② 卜风贤.历史灾害研究中的若干前沿问题[J].中国史研究动态,2017(06):27-35.
③ 李芹.中国古代灾荒文献编目与著录研究[D].合肥:安徽大学,2007.

晚清民初,面对内外交困的时代困境中,中国社会灾害、疫情、战乱频发,当时的各类志书及民间文献,都进行了及时的记录。不过,与古代不同的是,报纸、杂志等现代传媒形态成为救灾应急出版的担纲要者。譬如,面对 20 世纪30 年代严重的农村危机,当时的报纸杂志"都在大出其农村经济专号,开头没有不谈农村经济破产的"①,大规模的持续报道引发社会各界关于中国前途的广泛讨论,并最终凝聚成通过乡村建设、乡村革命来实现民族再造的共识,"有识之士,无不岌岌以复兴农村为急务"②。当然,晚清民初灾荒应急出版的现代性不仅体现在媒介形式上,更体现在内容层面。在当时,由于现代知识分子开始成为救灾应急出版物的创作主体,他们自然而然运用现代自然科学和社会科学知识开展对各类灾害成因及应对的分析。譬如,在《东方杂志》上,就有不少作者运用公共卫生的理念,分析疫情发生的原因和防治策略,"欲求人群之卫生者,须自公众卫生入手"③,竺可桢等也运用气象学知识,对中国历史上的一些环境灾害提出了新的解释④。

从领导新民主主义革命开始,中国共产党就高度重视各类灾害的有效应对,除了确立了"以人为本"的救灾理念,发展出"政府救治与灾民自救相结合""当前救灾与长远建设相结合"等救灾方针⑤,还高度重视面向基层群众的救灾应急出版和宣传动员。譬如,考虑到基层民众的接受习惯,《新华日报》《解放日报》《红色中华》等革命报刊,曾大量刊发《防疫快板》《加紧备荒》《妇女赶制棉衣救济灾民》等通俗易懂的快板、曲艺或歌谣,以群众喜闻乐见的形式传播救灾应急的道理⑥。

新中国成立之后,党和国家领导人在关于卫生防疫等应急事件处理的批示中,也多次强调应急宣传的重要性。1952 年 4 月,周恩来在向中央提交的反细菌战工作报告中介绍了中央防疫委员会将《人民日报》刊载的《防御细菌战常识》《防疫常识》出版供各地采用的做法,还特别强调"防疫和细菌战,在工作上

① 梁漱溟.乡村建设理论//梁漱溟全集(第二卷)[M].济南:山东人民出版社,2005:149.
② 蓝名诂.发展农业与复兴农村[J]. 农村经济,1935(5).
③ 孙语圣.《东方杂志》与中国近代灾荒[J].中国农史,2010,29(03):73-81.
④ 卜风贤.灾害史研究的自然回归及其科学转向[J].河北学刊,2019,39(06):73-79.
⑤ 王鑫宏.中国共产党抗灾救灾思想的实践与发展[J].黄河科技大学学报,2011,13(05):69-73.
⑥ 夏宏. 民主革命时期中国共产党的救灾宣传研究[D].天津:天津商业大学,2018.

和宣传应有高度的统一性、集中性"。贺成、傅连暲在向中央汇报北京市防疫工作时,也明确指出北京根据中宣部统一部署,深入开展卫生防疫宣传工作,"北京市每二十个老百姓,发给卫生常识一本"①。

第二节　主题出版视域下的救灾应急出版

在当代中国,主题出版的概念发端于 2003 年国家新闻出版总署正式启动的主题出版工程,主要指出版界围绕党和国家工作大局、重大事件进行的集中性选题策划和出版活动。从 2003 年至今,主题出版已成为出版界实现经济效益和社会效益相统一的重要路径。然而,值得注意的是,主题出版工作不仅包括"题材与时间相对确立的主题出版",如建党、建国整数年份纪念,还包括"题材与时间相对不确定的主题出版",如抗洪、抗震、防疫等突发公共危机事件中的救灾应急出版。救灾应急出版不仅具有主题出版的一般特点,由于"题材与发生时间都具有不确定性","较考验出版社的综合实力与应急能力"②。

从主题出版工作的一般规律看,救灾应急出版的特点主要体现为两点。

第一,确保政治导向,强调统一策划指导。从本质上说,主题出版是马克思主义"改革世界"理论传统的体现,也即通过有组织、有计划、统一的出版工作,实现党和国家对社会精神乃至物质生产过程的引导。虽然救灾应急出版的题材和时间有一定不确定性,但也正是这种不确定性凸显了统一策划指导的重要性。譬如,面对 2020 年新冠疫情防控紧张局势,国家新闻出版署紧急做出部署,要求全国出版机构精心策划安排战"疫"选题,加强疫情防控与公共卫生图书的出版与传播,中宣部办公厅更是把新冠疫情防控出版工作列为 2020 年主题出版的选题重点,要求出版界为全民健康安全和生态保护教育以及公民文明习惯的养成提供出版支撑。

第二,重视教育功能,凸显出版社会效益。出版产业同时具有经济效益和社会效益两个属性,但在社会主义市场经济条件下,社会效益是出版工作,特别

---

① ．毛泽东、周恩来关于卫生防疫和医疗工作的文献选载[J].党的文献,2003(05):15 - 27.
② 胡艳红.回应时代课题,创新主题出版——关于我国主题出版的发展与思考[J].出版广角,2016(13):6 - 8.

是主题出版工作的首要属性,对于救灾应急出版工作而言,对社会效益的强调更为凸显。在新冠疫情防治背景下,出版界不仅迅速组织策划了一批救灾应急出版物,其中一些还免费向全社会发行。譬如,鉴于早期诊断在新冠肺炎防治中的重要作用,科学出版社紧急组织出版了《新冠肺炎 CT 早期征象与鉴别判断》,并向全社会免费共享。为迎接复工复学,安徽科学技术出版社出版《新型冠状病毒疫情集体场所防控 100 问》,为企事业单位等聚集性场所做好疫情防控提供科学指导,该图书也授权出版商务周报全文刊发,供全国读者免费阅读。

从应急出版的特殊性看,救灾应急主题出版还具有一些独特性的特征。

首先,对时效性的要求更高。疫情就是命令,在救灾应急中,提高各项工作的时效性十分重要。为加强新冠肺炎疫情防控中的心理疏导工作,清华大学出版社于 2020 年 2 月 1 日启动《战"疫"心理防护手册》编写工作,在五天时间内,就完成了组稿、编辑、审校等各项工作,2 月 6 日就在网络正式发行。此外,为响应科技部、教育部等国家部委加强新冠疫情科研攻关的号召,《探索与争鸣》《地理科学》《武汉大学学报》等多家期刊结合刊物特色,迅速开展新冠疫情防治专题征文,引导学术界开展疫情防治的基础理论、运行机制与关键技术研究。

其次,对组织策划能力的要求更高。由于救灾应急出版对时效性要求很高,由此也对出版机构的组织策划能力提出了很高的要求。面对新冠疫情,中南大学出版社依托学校医科资源丰富的优势,积极联系中南大学湘雅二医院等医疗机构,在短时间内组织了一支作者和编辑团队,紧急编纂《新型冠状病毒肺炎大众防护与心理疏导》《新型冠状病毒感染肺炎防控知识 100 问》两本防疫科普读物,上线 48 小内,点击阅读量就超过了 40 万。此外,中国科技新闻学会、中国编辑学会、中国出版协会等机构等新闻出版行业协会,发挥联系会员广泛优势,发布《关于促进新冠防疫科普新媒体传播工作的倡议书》等多个公开倡议,引导会员和会员单位投入新冠疫情主题出版。截至当年 2 月 13 日,仅中国音像与数字出版协会组织公布的抗疫电子书和有声读物点击阅读量就超过了 2 000 万[①]。

最后,一般而言,更强调面向大众的普及出版工作。"科技创新、科学普及是实现创新发展的两翼",加强面向社会公众的普及出版,提升全体国民的科学

---

① 丁以绣. 逆袭:出版界交出抗疫首份答卷[N]. 中国新闻出版广电报,2020 - 02 - 13(001).

素养,是应急出版,特别是疫情防治应急出版的重要目标。2020 年 2 月 6 日,国家新闻出版署发布的《加强出版服务 助力打赢疫情防控阻击战》就特别强调要加强传染病认知与防护、卫生与健康等方面的医学科普读物,提升大众的卫生公共素养。在此背景下,四川辞书出版社、中国工人出版社等出版机构积极出版《中小学生新冠肺炎防护科普读本》《新型冠状病毒职工防护知识 50 问》等科普读物,积极引导社会公众科学理性地认识疫情和病毒。

第三节　新冠疫情救灾应急出版的时代特色

近年来,在移动互联与人工智能等信息技术大发展的背景下,全球及中国出版业大力推进数字化转型,新兴出版形态不断浮现,出版传播的渠道更加通畅。在此背景下,新冠疫情救灾应急出版呈现出一些值得总结和思考的时代特色。

首先,平台成为新冠疫情应急出版的重要渠道。在网络与数字时代,为充分发挥互联网连接多元受众,聚合内容资源的优势,传统出版机构和互联网巨头都在大力推动出版产业的平台化转型。在新冠疫情中,各类出版平台成为疫情防治主题出版物传播发行的重要渠道。譬如,中文在线响应中国音像与数字出版协会抗击疫情的倡议,联合 20 余家出版社,在"书香中国"平台上线防疫阅读专题,面向全国读者免费开放。此外,作为我国最大的期刊论文电子发布平台,中国知网着力加强了新冠疫情论文的网络首发工作。截至 2020 年 2 月 21 日,中国期刊网已网络首发经济与管理科学、信息科技、社会科学、基础科学、工程科技、医药卫生科技等多个学科领域新冠疫情论文 103 篇,总下载数近 10 万次。

其次,知识服务是新冠疫情应急出版的重要特征。"知识服务是当前出版领域融合发展的深入与扩展阶段,亦是实现出版企业数字化转型的重要路径。"[1]出版界积极整合内容资源,利用自我平台或公共平台,为全社会提供知

---

[1]　黄先蓉,常嘉玲.融合发展背景下出版领域知识服务研究新进展:现状、模式、技术与路径[J/OL].出版科学,2020(01):11-21[2020-02-21].https://doi.org/10.13363/j.publishingjournal.2020.01.003.

识服务,成为新冠疫情应急出版的一大亮点。譬如,为响应教育部"停课不停教、不停学"的部署,人民教育出版社等免费提供人教版中小学教材电子版,供全国师生自主选用。此外,在国家知识资源服务中心的协调下,中国大百科全书出版社、人民卫生出版社、社会科学文献出版社等全国多家出版机构,都面向公众开放了内容专业、品类齐全的数据库、电子等优质资源,为新冠疫情期间社会公众的阅读、科研提供服务和支持。

再次,数字出版是新冠疫情应急出版的重要形式。作为用数字化技术从事的出版活动,数字出版可以克服传统图书出版环境下各种物质性条件限制,极大提升出版物制作、发行和传播效率。在新冠疫情防治应急出版中,众多出版社推出的主题读物,如湖北科技出版社推出的《新型冠状病毒肺炎预防手册》、上海科学技术出版社出版的《张文宏教授支招防控新型冠状病毒》等广泛传播的图书都首先选择以电子书的形态线上发行,这也是出版界能对疫情防治迅速做出反应的重要原因。掌阅科技、阿里文学等百余家数字出版单位响应北京市号召,各自向用户开放优质数字出版资源,为读者更便捷地学习防疫及相关知识提供支撑和服务。

最后,媒介融合是新冠疫情应急出版的重要表现。"形态多元是融合发展特征与要求"[①],在新冠疫情应急出版中,出版界还综合运用多种媒介形式,构筑立体式出版和阅读格局,有效满足了社会公众多样的媒介阅读需求。譬如,吉林科学技术出版社不仅联合吉林省卫生健康委员会、吉林省疾病预防控制中心联合推出《病毒来了——新型冠状病毒感染的肺炎预防知识绘本》,还邀请吉林广播电视台主持人录制音频,用文字、声音、画面相融合的方式向幼儿和少年读者普及肺炎病毒防治基本知识。东方出版社除了联合知名亲子阅读公众号"Michael 钱儿频道"开发《给孩子的病毒科普图鉴》音频、视频和在线电子书等多种阅读形式,还推出《我是抗病毒小勇士》H5 答题小游戏,在寓教于乐中促进病毒防治知识的传播与接受。

---

① 刘峰,任健.基于媒体形态融合视角的传统文化 IP 出版策略探析[J].中国编辑,2017(01):13-18.

第四节 总结和思考

救灾应急出版是我国主题出版工作的重要组成部分。2020 年新冠疫情暴发以来,出版界以高度自觉的使命感,充分运用移动互联网等信息技术提供的便利条件,积极投入疫情防治主题出版工作,为营造有利于疫情应对的知识舆论环境做出了贡献。回顾我国救灾应急出版的历史传承与时代特色,特别是出版界在抗击新冠疫情中的表现,笔者认为还有三方面的工作值得进一步思考和加强。

第一,加强组织和协调能力,建立更为完善的防灾应急出版机制。虽然在此次新冠疫情中,我国出版界能根据疫情防治大局需要,迅速组织力量,策划发行主题图书,成效比较显著。不过,由于大多数出版机构都是"独自"组织救灾应急出版工作,彼此间缺少呼应和协同,导致选题与内容重复的现象比较严重,在提振社会抗击疫情士气的同时,也不可避免地造成了一些出版资源的浪费。因此,我国应探索建立更为系统化的防灾应急出版机制,加强各级新闻出版编辑协会的居中协调功能,促进内容、编审、印刷、发行等出版资源的共建、共享,提供更为多元化的应急出版产品。

第二,加快推动出版业融合转型进程,提升数字出版能力。长期以来,由于不少传统出版业从业人员存在如"数字出版不是出版"这样的错误认识,我国数字出版和传统出版的发展始终面临"两张皮"的问题。在 2020 新冠疫情防治中,由于缺乏传统出版所需要的一系列物质条件,相当一部分出版机构优先选择以电子图书、数字期刊、数字音乐乃至各种移动新媒体出版物向社会供给救灾应急出版产品,不仅响应与传播速度较快,社会反响十分积极正面,充分展现了数字出版的优势。在疫情结束后,出版界应积极总结救灾应急中数字出版的经验,加快推动出版业融合转型进程,提高数字出版能力,为常规性和突发性主题出版工作储备力量。

第三,将公共卫生领域的科普图书出版常态化。在我国少年儿童的科普图书市场上,引进版科普图书长期占据主导地位,畅销的国内原创儿童科普读物相对较少。不过,在新冠疫情应急出版中,公共卫生领域的科普出版是一大亮色。北京科学技术出版社的《妈妈要去"打怪兽"》,湖南少年儿童出版社推出《读童谣,防病毒:新型冠状病毒防疫绘本》等多种儿童科普读物,运用多种媒介形式,引导公众科学理性地认识病毒和疫情,发挥了很好的社会效益。新冠疫情结束后,出版界应以此为契机,进一步加强少年儿童科普图书,特别是公共卫生科普图书创作与出版力度,为全社会卫生与健康素养的提高贡献力量。

第七章

应急管理主题图书出版演进与发展研究

第一节　研究背景和意义

在人类发展史上,如何有效应对各种突发安全事件的挑战,从来就是事关人类社会生存与命运的重大问题。2003年以来,我国总结抗击"非典"的经验与教训,推动了建立以"一案三制"为基本框架的应急管理体系。不过,与此同时,这一应急管理体系也始终存在"重事后处置轻事前预防""重政府主导轻社会参与""重紧急动员轻专业标准"[①]等不足,并在2020年新冠疫情防控中集中暴露。习近平总书记强调,要针对疫情暴露出来的短板和不足,"完善重大疫情防控体制机制,健全国家公共卫生应急管理体系。"[②]因此,本书所说的应急管理图书,就是指从战略目标、系统规划、技术支撑乃至操作规范角度,研究各类突发公共安全事件的应对机制,以提升全民应急意识,补强国家应急能力短板,增强国家应急管理能力的图书。

在国家应急管理体系建设中,应急管理图书出版承担着为体系的建设与完善提供理论与知识支撑的重要使命,这主要体现在如下三个方面。

第一,在现代社会,应急管理是一项综合的工程。2018年,我国成立应急管理部,将原来分散在安监、国土、水利、公安等多部门的应急管理职能集中起来,实现国家应急管理指挥的一体化运作。然而,这同时表明,国家应急管理体系要正常运作,就必须掌握原先分属于不同学科的知识,能胜任应对不同领域

---

① 陶世祥.突发事件应急管理的国际经验与借鉴[J].改革,2011(04):130-135.
② 完善重大疫情防控体制机制 健全国家公共卫生应急管理体系[N].人民日报,2020-02-15(001).

紧急局面的能力。图书出版是应急管理专业人士系统学习应急管理知识，提升应急管理技能主要渠道，承担着积累应急管理跨学科知识，引导国家应急管理体系建设方向，促进应急管理人才培养的重要使命。

第二，在一个国家应急管理能力构成中，既有体制机制等"软"实力的方面，也有应急管理科技等"硬"实力的方面。在 2020 新冠肺炎疫情防控中，不少创新科技在疫情预警、监测、治疗和医疗废品处置等领域得到应用。然而，与此同时，新冠疫情防控也暴露出我国在应急管理相关技术领域能力的短板。譬如，黄奇帆指出，和一些域外国家比，我国医疗设置配置水平和医疗装置质量水平都不高，且分布极不均衡①。此外，2020 年新冠肺炎疫情还提醒我们，国家应急管理能力建设应将生物安全治理纳入其中。21 世纪以来，海外一些国家高度重视生物安全研究投入，而我国在生物防御基础设施和相应技术能力建设方面才刚刚起步，亟待针对可能爆发的生物安全危机开展科技攻关研究。科技图书出版水平是国家科技创新能力的重要指标，加强应急管理科技图书出版，可以为相关领域科技工作者提供学术交流平台，从国外引进的应急管理科技图书，还能为学术界紧跟全球科技创新前沿，拓宽研究思路，提升我国应急管理科技实力，提供参考和借鉴。

第三，提高社会公众的危机意识和应急能力是国家应急管理能力建设的重要组成部分，《"十三五"国家科普和创新文化建设规划》等多个国家文件均对面向社会公众的应急管理科普宣教工作进行了专门部署。然而，新冠疫情防控中的一些现象暴露出，我国公众的常规科学素养及面对公共卫生紧急事件时的应对能力都有所欠缺，"以新冠肺炎为代表的突发公共卫生危机在一定程度上起源于民众对于公共卫生知识的缺乏，比如不能食用野生动物、疫情期间的个人防护措施等。"②在这个意义上，作为面向社会传播应急管理知识的有效途径，应急管理图书出版还承担着增强全民危机意识，提升全民科学素养和应急能力的职责。

---

① 黄奇帆. 新冠肺炎疫情下对中国公共卫生防疫体系改革的五点建议[N]. 第一财经日报，2020 - 02 - 13(A11).

② 吴一平. 国家治理能力视角下的武汉疫情防治探讨[N]. 第一财经日报，2020 - 02 - 10(A12).

第二节　应急管理图书出版基本趋势

本书运用 Python 软件编写爬虫程序,从国家图书馆抓取(抓取时间为 2020 年 1 月 15 日)题目包括"应急管理"或"危机管理"的全部图书及相应的出版信息,共计 969 条。接下来,本书按照两个标准对这些数据进行了清理:首先,部分图书为应急管理行业从业资格考试的辅导材料,这部分图书予以剔除;其次,国家图书馆还收录了一些我国台湾地区和香港地区出版的应急管理图书,但数量不多,无法反映这两个地区应急管理图书出版的实际情况,因此也予以剔除。在数据清理后,本书共录得应急管理图书 898 条。

一、时序与数量

任何一个国家和社会,都可能遭遇突如其来的自然或人为灾害,能否有效应对种种突发危机,维护社会的稳定和正常秩序,不仅是一个国家综合国力的体现,还在一定程度上构成了一个政府执政合法性的根基。从领导新民主主义革命开始,中国共产党就十分重视抗灾应急工作。新中国成立后,虽然国家经济力量薄弱,但由于具有中国共产党的领导和社会主义制度"集中力量办大事"的独特优势,国家救灾应急能力也不断得到加强。然而,在 21 世纪前,我国的救灾应急工作主要体现为"以职能部门为主体"的"减灾、防灾、抗灾、救灾"工作,国家救灾应急体制中的条块分割与协同能力不足现象十分突出。2003 年"非典"事件的教训,促使党和政府探索建立"统一指挥、功能齐全、反应灵敏、运转高效的应急机制"。十八大以来,在国家总体安全观框架下,国家应急管理体系和管理能力建设进入新的阶段,初步建立了"风险、灾害、安全一体化"的新时代国家应急管理机制①。

---

① 刘一弘.新中国 70 周年应急管理制度创新[J].甘肃行政学院学报,2019(04):4-13+124.

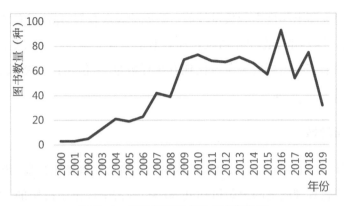

图 7 - 1 应急管理图书年度出版数量

总体而言,如图 7 - 1 所示,应急管理图书出版的历程与国家应急管理体制演进的历程一脉相连。虽然在 2000 年前,国内也出版过应急管理主题图书,如 1988 年中国展望出版社出版过《危机管理:企业如何对付意外灾难》,1994 年中国法制出版社出版过《核电厂核事故应急管理条例》,但由于在当时国家治理主导逻辑中,更倾向于使用"抗险救灾"之类的话语,直接以"应急管理"或"危机管理"命名的图书极为罕见,在 2000 年之前(不含),国家图书馆标题中含有"应急管理"或"危机管理"的中文图书一共只有 4 种。2000 年之后,特别是 2003 年之后,随着国家救灾应急管理体制逐步实现从"抗险救灾"到"应急管理"的转变,应急管理图书出版逐渐形成热潮。

从 2003 年到 2010 年,应急管理图书年度出版数量几乎保持了长达 8 年的旺盛增长势头。2003 年"非典"应对及随后党和政府关于建立健全各种应急预警机制的决定,是应急管理图书出版起步的直接原因。在 2003 年至 2005 年间,国内出版了一批介绍危机管理概论式图书,如《国家与政府的危机管理》(2003),《危机管理》(2004)等,为中国社会积累危机管理的基础理论和实践案例,提供了参考和支撑。2008 年汶川地震、2008 年北京"奥运"和 2010 年上海"世博"等一系列重大事件,对我国的综合治理,特别是应急管理能力提出了严峻的挑战。在此背景下,出版界一方面加强一般性的应急管理图书出版工作,一方面也出版了不少有针对性的应急管理图书,如《安全奥运:关于城市灾害防御与综合危机管理的战略研究》《自然灾害类突发事件恢复重建政策体系研究》,进一步强化了在国家应急管理体系建设中的知识服务功能。2010 年后,虽然应急管理图书年度出版数量较前一阶段的高点有所回落,但总体而言仍保持在高位。此外,由于图书出版发行和图书馆编目上架存在时间差,2019 年的应急管理图书实际出版数量应该比现有统计数量多,但估计会略低于 2018 年的出版数量。

二、机构与地域

据统计,全国共有 236 家出版机构参与了应急管理图书出版,出版过 5 种(含)以上应急管理图书的出版机构共 50 家,约占全部出版机构的 21.2%。出版应急管理图书最多的 3 家出版机构分别是科学出版社、社会科学文献出版社和中国人民大学出版社,出版数量分别为 54 种、50 种和 36 种,差距并不太大。科学出版社是我国规模最大的综合性科技出版机构之一,出版的应急管理图书偏重应急管理科学理论与技术。譬如,科学出版社不仅组织出版了国家"十二五"重点图书规划项目——"公共安全应急管理丛书",还从国家自然科学基金重大研究计划项目"非常规突发事件应急管理研究"成果中辑录了《非常规突发事件应急管理体系的组织设计》等精品研究报告公开出版,相关成果不仅被直接应用于国家"十二五"应急体系规划的制定,还直接推动了"安全科学与工程"一级学科的设立。以"皮书"学术出版品牌为支撑,社会科学文献出版社不仅持续推出《中国社会舆情与危机管理报告》《中国危机管理报告》等系列研究报告,对中国社会不同领域应急事件进行汇总与分析,还推出了共计 16 种的《国家国防动员与危机管理战略论》系列丛书,从加强国防建设的战略高度,系统论述了有关战备应急的重大理论与实践问题。

从出版机构所在地域情况看,出版过应急管理图书的 236 家出版机构,分布在全国 38 个城市,其中北京、上海和广州出版机构出版的应急管理图书数量位居全国前列。北京具有全国最丰富的出版资源,其出版的应急管理图书占全国出版总量近 70%。从全国总体情况看,广州的图书出版能力并不算强。不过,由于 2002 年"非典"首先由广州发生,广州研究界和出版界对危机管理问题较为重视。此外,暨南大学也是全国应急管理教学和研究的重镇,曾于 2009 年成立了全国高校首个应急管理学院。在这些原因共同作用下,广州的出版机构,特别是暨南大学出版社在应急管理图书出版商投入了较多的精力,相关图书既涵盖不同学科、不同领域应急问题的分析与研究(如《食品安全应急管理》《政治学视角下的应急管理》等),也有不少聚焦于普泛性的应急管理监测与预警的技术与方法问题(如《应急管理信息平台建设及成功实施的实证研究》《应急管理定量分析方法》等)。

三、作者与译介

在全部 898 种应急管理图书中,有 41 种是从美国等 8 个域外国家引进的,约占全部图书总数的 4.57%。在这 41 种图书中,引进自美国的图书数量最多,高达 28 种,占全部译介图书数量 68.2%,紧随其后的分别是荷兰、日本和澳大利亚,我国从这三个国家引进的图书数量分别为 4 种、3 种和 2 种。美国在国际应急管理领域上的"议程设置"能力十分强大,国内从美国引进的应急管理图书既包括理论性书籍(如《公共危机与应急管理概论》《公共卫生监测》等),也包括一些实践指导类图书(如《危机管理:掌握抵御灾难的技巧》《网上被吐槽怎么办:社交媒体时代的危机管理》等)。在一定程度上,美国的应急管理体系构成了我国应急管理体系建设与研究最重要的参照。

绝大多数应急管理图书的作者是国内相关领域专家。根据本书对这些图书第一作者的统计,出版过 5 种(含)以上应急管理图书的作者共有 12 位,其中出版图书最多的是戴凤秀、洪毅、罗建军和王宏伟,他们的出版数量都超过了 10 种。戴凤秀长期从事国防动员理论与实践研究,曾被评为全国人防先进工作者,于 2016 年主持出版了《国家国防动员与危机管理战略论》(十六种),对我国战备应急体系的研究与建设做出了原创性贡献。洪毅是中国应急管理学会会长,罗建军长期从事应急管理政府管理工作,王宏伟是从事应急管理教学与研究的高校学者。由于各自不同的背景,他们推出的应急管理图书侧重点也各不相同,比如王宏伟偏重于应急管理教材的编纂与出版(如《应急管理导论》等),罗建军偏重面向公务员应急管理能力提升的图书出版(如《应急宣传培训与媒体应对指南》公务员应急管理知识读本),洪毅则主持出版《中国应急管理报告》,保持着对全国应急管理年度工作的跟踪与研究。

第三节　应急管理图书出版内容特征

一、学科分布

本书依据《中国图书馆分类法》，对应急管理图书的一级学科门类进行了统计，部分跨学科图书同时属于两个不同学科，这两个不同学科分别统计 1 次，结果发现全部应急管理图书覆盖中图分类法 19 个学科门类中的 15 个，学科分布比较广泛。具体来说 B（哲学、宗教）、S（农业科学）、Q（生物科学）、V（航空、航天）等几个学科图书数量较少，均少于 10 种，D（政治、法律）、F（经济）、X（环境科学、安全科学）、T（工业技术）、R（医药、卫生）、G（文化、科学、教育、体育）等学科图书数量较多，均高于 50 种。D（政治、法律）、F（经济）、X（环境科学、安全科学）三个学科大类图书数量最多，分别为 420 种、150 种和 105 种。

二、主题特征

本书将应急管理图书的标题和内容概要录入 ANSI 格式的 TXT 文档，进而运用 ROST 软件对该文章进行语义网络分析，绘制出应急管理图书语义网络如图 7‑2 所示。在该语义网络的指引下，结合上文学科分布情况以及对全部图书总体情况的把握，本书认为，目前国内出版的应急管理图书具有四个方面的主题特征。

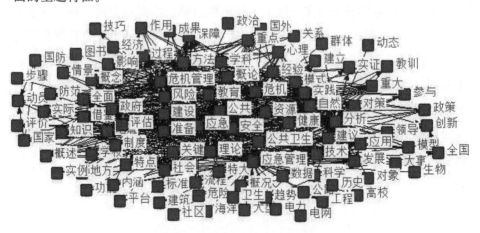

图 7‑2　应急管理图书语义网络

第一，从"公共卫生""健康"等语义网络图中的关键节点，可以看出，公共卫生应急管理工作是应急管理图书出版关注的焦点。公共卫生突发事件传播快、涉及面广，可能对社会造成的风险和危害程度都比较高，因此，公共卫生应急能力建设是各国应急管理能力建设的重要组成部分。此外，在中国，"作为一种自觉的、综合的应急管理实践则可以说是 2003 年'非典暴发'之后才开始起步的"①，因此，与公共卫生相关的事务成为国内应急管理图书最为关注的对象。此类图书如《公共卫生服务均等化理论与实践》《区域智慧公共卫生信息平台架构设计》等从理论与实践的不同视角为国家公共卫生服务体系的内涵建设提供咨询和建议。

第二，"政府""制度""模式""建设"等语词也位于语义网络图的节点位置，这表明国家与政府应急管理体制机制建设问题是应急管理图书的又一重要关切。在按照中图分类法学科分类标准，统计了全部图书的一级学科类属外，本书还根据该标准，对应急管理图书的细分学科门类进行了统计，发现"国家行政管理"细分主题图书数量高达 298 种，占全部图书的 33.18%。这说明，相当一部分应急管理图书其实是围绕政府在应急管理中的角色与作用展开的，关注的重点是通过优化行政程序，提升政府应对危机事件的能力。譬如，《网络舆情及突发公共事件危机管理典型案例》《转型期中国网络公共危机管理对策研究》等图书就是在互联网时代网络舆情事件频发的背景下，探讨如何加强网络舆论演化规律研究，提升政府引导网络舆论的能力。

第三，从"概论""概况""学科""教育"等语义网络图中的关键词可以看出，相当一部分图书出版的目的，是面向各类教育场景，提供有关应急管理的基本概念和基本理论知识。在中国，应急管理是相对较新的学科和研究领域，直到 2014 年，这个领域才拥有首个国家一级学会——中国应急管理学会。由于发展时间较短，应急管理科学研究和人才培养的基础相对薄弱。也正因为此，在中国应急管理研究的初创阶段，普及应急管理基本概念、总结应急管理实践案例，乃至探索建立应急管理教材体系，就成了应急管理图书出版的重要目的。这方面代表性的图书既包括《应急管理概论》等适用于高校应急管理专业教学的教材，也包括《天津市防汛应急管理培训教材》《电网企业班组长通用培训教

① 陈振明.中国应急管理的兴起［J］.东南学术,2010(01):41-47.

材》等面向企事业实际应用场景的培训教材。

最后,在应急管理图书语义网络中还出现了"自然""资源"等关键词语,这意味着抗灾救灾也是应急管理图书的重要关注对象。我国处在多个地球板块交汇处,且大部分国土位于季风影响下气候不稳定地带,各类自然灾害发生频繁,极易对正常的社会秩序造成影响,即便是在今天,抗灾救灾也仍然是中国应急管理工作的重要组成部分。此外,2003 年以来,我国先后发生了汶川地震、玉树地震等多起破坏性程度较高的重大自然灾害,也促使一部分图书特别关注了与自然灾害应急防治有关的话题,如《西南省域地震应急管理》通过对改革开放以来西南省域破坏性程度较高的地震震例进行了整理分析,从公共管理角度构建了提升政府应急管理成效的建议。

第四节　应急管理图书出版提升策略

21 世纪以来,应急管理图书出版与国家应急管理体系的建立和完善同向同行,发挥了积极的知识积累与知识服务功能。然而,面对国家应急管理能力提升的现实需要,应急管理图书出版也仍有不少亟待改进和提升之处。本书认为,相关工作主要可以从 4 个方面着手。

一、提高应急管理图书学术含量,引领应急管理技术研发创新

虽然应急管理是一个实践导向相对明显的研究领域,但这并不意味着应急管理学科的发展和国家应急管理体系的建设不需要前沿理论与技术研究的支撑。譬如,在人工智能与大数据时代,新一代信息技术在社会安全风险的监测、预警及应对方面发挥着重要的作用,然而,从抗击新冠疫情中的政府表现看,各地运用大数据、人工智能技术,提高疫情溯源、监控及响应能力差距明显。此外,在现代科技社会,国家应急管理能力不仅包括体制机制建设,还体现在应急技术装备方面,而目前我国在应急装备现代化水平方面仍有相当大的提升空间,"要强化应急管理装备技术支撑……推进应急管理科技自主创新"[1]。虽然

---

① 习近平:充分发挥我国应急管理体系特色和优势 积极推进我国应急管理体系和能力现代化[N]. 人民日报,2019 - 12 - 01(001).

目前应急管理图书已覆盖了一些科学技术领域,但更多的图书关注的只是体制机制这一应急管理体系建设的"软性"方面。未来,在进一步推动有深度的社会科学类应急管理图书出版的同时,出版界应着力加强应急管理装备技术图书出版力度,引导学术界和科技界加强应急管理技术攻关,提升我国应急管理科技自主创新实力。

二、拓宽应急管理图书学科覆盖,加强细分问题领域图书出版

国家应急管理体系建设是一个系统的工程,需要不同学科领域知识的支撑,也亟待根据应急管理实践的需要,开辟跨学科研究的领域。根据本书的统计,目前只有约 30 种图书明确属于跨学科的图书,难以满足应急管理对跨学科知识的需求。此外,虽然应急管理图书总体上的学科覆盖面较大,但不同学科领域图书数量差别也很大,由此带来的后果是,一些学科如 D(政治、法律)、F(经济)的图书不仅数量较多,所覆盖的细分学科主题也相对较多,但另外一些学科如 S(农业科学)、U(交通运输)的图书则不仅图书数量不多,所覆盖的细分学科主题也十分稀少。譬如,R(医药、卫生)类图书仅覆盖临床医学、城市居住卫生等少数几个细分问题领域,而对于公共卫生应急管理体系建设来说,对流行病学与防疫、保健组织事业与组织等问题领域知识的需求也是十分迫切的。就此而言,出版界在策划应急管理图书时,应放宽视界,加强与不同学科学者的联系,丰富应急学科图书的细分学科类别,以更为细致、专业的图书支撑应急管理的精准化实践。

三、加强应急管理国际图书引进,丰富应急能力建设参照体系

在全球化时代,应急管理不仅是一个国家内部的事务,在很多时候,还需要"扩大国际和地区合作",同有关国际组织"保持良好沟通""同有关国际组织分享防疫经验……"[①]应急图书出版同样应该如此。当前,我国从国外引进的应急管理图书不仅数量不多,来源也比较单一,并没有充分发挥向国内读者介绍国际应急管理建设经验这一图书出版应有的功能。事实上,虽然世界上不同国

---

① 毫不放松抓紧抓实抓细防控工作 统筹做好经济社会发展各项工作[N]. 人民日报,2020 - 02 - 24 (001).

家的应急管理体系往往带上本国政治制度与文化特色的烙印,无法简单地加以
移植,但这并不妨碍我们以"拿来主义"的姿态进行学习和借鉴。譬如,当前我
国亟待提升生物安全质量能力,但目前国内迄今尚未出版过直接讨论生物安全
的图书。与此相对,一些发达国家很早就高度重视生物安全问题,学术界和出
版界都已在这个领域有了较为扎实的积累。如果能围绕生物安全等我国应急
管理能力建设的短板问题,有针对性加大国外相关图书的译介出版,将为国家
应急管理体系建设提供更有价值的多元参照。

四、重视应急管理科普图书出版,加强公众应急科普宣教工作

自 2005 年国务院办公厅印发《应急管理科普宣教工作总体实施方案以
来》,应急管理科普宣教工作就成为国家应急管理能力建设中不可或缺的环节。
然而,由于政府、科学界、出版界间缺乏协同响应机制,长期以来,科普图书出版
都是应急管理图书出版的薄弱环节。根据本书的统计,在目前应急管理图书
中,只有 6 册卫生宣传宣传教育细分主题图书,5 册报告文学细分主题图书,除
此之外,几乎没有其他应急管理科普图书。不过,令人欣喜的是,在抗击新冠肺
炎疫情中,出版界在公共卫生科普图书出版的表现十分突出,北京科学技术出
版社的《妈妈要去"打怪兽"》,湖南少年儿童出版社推出《读童谣,防病毒:新型
冠状病毒防疫绘本》,中国人口出版社出版的《新型冠状病毒感染肺炎防控漫
画》,中国中医药出版社的《新型冠状病毒的肺炎防治知识问题》,面对不同受众
群体,运用多种媒介形式,引导公众科学理性地认识病毒和疫情,发挥了很好的
社会效益。新冠疫情结束后,出版界应以此为契机,加强应急管理类科普图书
出版力度,为提高社会公众的应急意识和突发环境下的自救能力,夯实国家应
急管理体系建设的社会基础贡献力量。

第八章

"一带一路"主题图书出版演进与发展

第一节　研究背景和意义

党的十九大关于《中国共产党章程（修正案）》的决议做出了把推进"一带一路"建设等内容写进党章的决定，充分体现出"一带一路"倡议在国家发展整体格局中的战略性地位及党和政府坚定推进"一带一路"建设的意志和决心。"一带一路"建设的重点是"五通"，其中，民心相通是社会根基。出版物是推动文明交流的使者，促进民心相通的中介，扎实做好"一带一路"图书出版工作，不仅有利于深化我国与"一带一路"沿线国家的文化交流，还能为政治经济的长远合作打下扎实的基础。近年来，我国出版界紧跟国家战略、挖掘出版潜力，不断掀起"一带一路"图书出版小高潮。然而，"一带一路"出版工作明显存在重"经"轻"文"、重"古"轻"今"、重"外"轻"内"等方面的不足，通过扎实的实证研究，厘清"一带一路"图书出版的现状、问题，构建相应的提升策略，将有助于夯实"一带一路"文明之路建设的根基。

自党中央提出"一带一路"倡议以来，早先的研究侧重于从宏观层面论述"一带一路"倡议的时代意义，如杜德斌认为"一带一路"是"中华民族复兴的地缘大战略"，"为21世纪中国国际大战略指明了地理方向"[1]，或从金融、基建、能源等角度探讨"一带一路"建设相关问题，如蒋志刚从宏观层面构建了金融支持"一带一路"建设的总体思路[2]。此后，伴随着"一带一路"建设不断推进，越

---

① 杜德斌,马亚华."一带一路":中华民族复兴的地缘大战略[J].地理研究,2015(6).

② 蒋志刚."一带一路"建设中金融支持主导作用[J].国际经济合作,2014(9):44-57.

来越多的研究者认识到文化交流的重要意义,如赵波等人从马克思世界交往思想的角度,分析了"一带一路"倡议的文化理路和现实问题①。在此背景下,"一带一路"与"中国出版"开始成为新的学术增长点。

相关研究主要围绕三个主题展开:其一,"一带一路"出版贸易研究。谢清风在"一带一路"倡议背景下探讨了中国出版贸易国际竞争力提升策略和路径②,吴磊论证了"一带一路"倡议对改变我国图书版权贸易长期逆差和失衡状态的突出价值③。其二,"一带一路"国际出版研究。李斌论证了"一带一路"背景下我国数字出版走向拉美国家的可行性和实现路径④,张艺兵从加大版权贸易、设立发行机构、常态化举办书展等方面构提出了促进我国与中东欧出版交流与合作的对策建议⑤。其三,"一带一路"出版实务研究。王壮详细介绍了北京语言大学出版社构建"双品牌战略",借力"一带一路"推进国际汉语推广的出版实践⑥,刘敬文以编辑策划手记的形式还原国内首部从国际关系的角度解读"一带一路"倡议的著作《"一带一路":机遇与挑战》编辑出版的全过程,为出版同行策划发行"一带一路"主题图书提供了宝贵的经验借鉴⑦。

可见,目前关于"一带一路"出版工作的研究大多关注"一带一路"背景下中国出版"走出去"问题,对面向国内读者"一带一路"图书出版的关注相对较少。虽然也有一些研究立足于国内语境,探讨"一带一路"出版工作相关议题,但不是过于宏观,就是仅仅局限于单个出版机构乃至单本书籍的个案分析,无法让人准确获知"一带一路"图书出版的实际状况和整体面貌,因此也就难以构建精准化的提升策略。

① 赵波,张春和. 论"一带一路"战略的文化意蕴——基于世界文交往思想的视角[J].学术论坛,2016(1):44-46.

② 谢青风. "一带一路"倡议与提高中国出版国际竞争力分析[J].科技与出版,2017(12):26-30.

③ 吴磊. 浅探我国图书版权贸易发展——以"一带一路"战略为基础的文化输出[J].传播与版权,2017(7):85-89.

④ 李斌. "一带一路"背景下我国数字出版走向拉美国家的可行性展望[J].出版科学,2017(4):61-63.

⑤ 张艺兵. "一带一路"背景下的中国—中东欧出版交流与合作[J].出版发行研究,2017(8):7-11.

⑥ 王壮."双品牌"出版战略与"一带一路"国际汉语推广[J].出版参考,2015(14):40-41.

⑦ 刘敬文.时代需要什么,我们就策划什么[J].出版广角,2016(22):6-8.

第二节 研究方法

一、研究数据

作为国家总书库,国家图书馆在"十二五"规划中提出了把国图打造成为"国家文献资源总库"的建设目标,通过深度贯彻"中文求全""国内出版物求全"的采选方针,保持了世界中文文献最全的大馆地位。本书将以国家图书馆收录的"一带一路"图书资源为例,对面向国内读者的"一带一路"图书出版现状和问题作出分析。

在具体流程上,本书首先将时间限定为"2013—2017年"(搜索时间为2017年12月31日)、语言限定为"中文"、文献类型限定为"图书",然后通过国家图书馆馆藏目录检索系统查找了全部字段包括"一带一路"或"丝绸之路经济带"或"21世纪海上丝绸之路"的图书。

二、技术路径

本书主要采取的技术路径有二。其一,本书将依托国家图书馆馆藏检索系统获得的图书数据,统一录入SPSS24.0软件,借此对2013—2017年间"一带一路"图书出版的现状做描述性统计分析;其二,本书还将使用Rost Content Mining软件对"一带一路"图书标题进行文本挖掘、绘制语义网络,直观呈现"一带一路"图书内容层面的热点和动向。

第三节 "一带一路"图书出版基本趋势

一、数量发行情况

国家图书馆馆藏数据显示(见图8-1),2013年迄今,国内主要出版机构共出版"一带一路"主题图书1 026册。2013、2014年两年,由于"一带一路"倡议刚刚提出,也由于图书出版相较于国家倡议的时间差,市面上的"一带一路"主题图书数量较少。2015、2016 两年,"一带一路"进入全面落实阶段,中央部委出台了一系列支撑"一带一路"文化交流的行动计划,"一带一路"主题图书年度出版数量激增。2015 年"一带一路"图书数量为 196 种,是前两年出版数量总和的五倍多,2016 年图书数量在 2015 年的基础上,又几乎翻了一倍。2017 年度上市的主题图书数量在前一年的基础上,又有大幅增长,达 424 种,倘若再将编辑出版和发行、采购、入库和上架的时间差纳入思量范围,几乎能肯定本年度"一带一路"图书数量还将有相当大的增长空间。

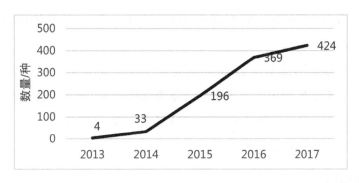

图 8-1　"一带一路"主题图书数量出版情况

二、出版机构情况

过去几年,全国共 209 家出版机构参与了"一带一路"主题图书出版工作,携手开创了图书市场研究、宣传和阐释"一带一路"的热潮。不过,总体来看,我国出版机构的潜力远未得到充分挖掘。在全部 209 家出版机构中,只有 22 家出版社出版过 10 种以上"一带一路"主题图书,有超过 40% 的出版社只推出过 1 种"一带一路"图书(图 8-2)。

社会科学文献出版社推出的"一带一路"主题图书数量最多,达 123 种,远远超出其他出版机构。此外,中国社会科学出版社和经济科学出版社的"一带一路"图书数量也较多,分别为 52 种和 39 种,排在图书机构排行榜的第 2、3 位。排行榜前十的 13 家出版机构共出版了 457 种"一带一路"主题图书,几乎占所有机构出版数量的 45%。

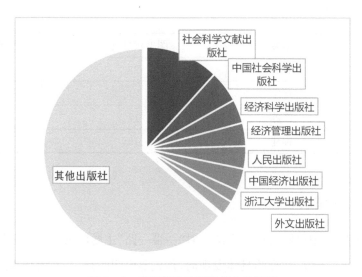

图 8 - 2　出版机构出版数量占比情况

三、所属地域情况

截至目前,共有大陆地区 25 个省份或直辖市的出版机构出版过"一带一路"主题图书。如表 8 - 1 北京地区出版机构出版的"一带一路"图书数量最多,达 698 种,占全部图书数量的 68%。紧随其后的,分别是广东、陕西、上海、陕西和四川,其中广东出版机构出版了 50 种,上海出版机构出版了 39 种,陕西和四川出版机构分别出版了 37 种和 28 种,均远远落后于北京。出版 10 种以上"一带一路"图书的省份有 12 个,它们推出的图书数量却高达 972 种,占全部图书数量的 94.7%。

表 8 - 1　出版数量排名前 10 的省份

序号	地域	图书数量(种)	占比(%)
1	北京	698	68
2	广东	50	4.9
3	上海	39	3.8
4	陕西	37	3.6
5	四川	28	2.7
6	浙江	23	2.2

（续表）

序号	地域	图书数量(种)	占比(%)
7	甘肃	22	2.1
8	辽宁	21	2.0
9	江苏	17	1.7
10	福建	15	1.5

四、所属学科情况

本书依据《中国图书馆分类法》，对"一带一路"主题图书所属学科情况进行了统计分析。不过，在介绍具体发现前，首先要申明的是，一些著作隶属多个不同的学科领域，本书在处理这种情况时，采取的是重复计算频次的做法。

由表 8-2 可知，除少部分无法清晰界定学科类别的图书外，"一带一路"主题图书涵盖 19 个学科领域，覆盖面可谓十分广泛。不过，具体来看，所属学科分布情况却相当不均衡。人文社科类"一带一路"图书录得频次为 1 036 次，而科学技术类图书录得频次仅为 41 次（表 8-3），这与科学技术在"一带一路"建设中的引领和支撑地位有显著的差距。

表 8-2 所属学科情况

序号	学科	频次	序号	学科	频次
1	F	625	11	X	5
2	K	175	12	B	4
3	D	118	13	S	4
4	I	34	14	Z	4
5	G	31	15	C	3
6	J	22	16	R	3
7	H	15	17	E	2
8	U	11	18	A	1
9	P	10	19	V	1
10	T	9			

表 8-3　"一带一路"科技图书

序号	学科	频次
1	U（交通运输）	11
2	P（天文学、地球科学）	10
3	T（工业技术）	9
4	X（环境科学、安全科学）	5
5	S（农业科学）	4
6	R（医药、卫生）	3
7	V 航空航天	1

在人文社科类"一带一路"图书内部，不同学科图书数量的分布也不均衡。其中，经济类录得频次为 625 次，远远超出其他学科领域图书，紧随其后的则是历史地理类图书和政治法律类图书。作为引领"中华民族复兴的地缘大战略"①，"一带一路"倡议具有深刻的经济地理学内涵，不仅有利于推动国内区域经济版块协调发展，还将"重塑世界经济地理，创新国际发展模式，构建面向未来的国际政治经济新秩序"，故此，经济、地理类图书在全部"一带一路"主题图书中数量居前，也是十分自然的。然而，正如习近平总书记在"一带一路"高峰论坛上的演讲所提到的，"一带一路"倡议并不止步于经济、产业或金融的层面，还具有民心相通、文化交流等深刻内涵。从人类文明发展史上看，文学、艺术及当代的影视文化往往是不同国家和地区文明互鉴的主要载体。虽然目前也有一些图书，如《民心相通："一带一路"看中国·外国青年影像计划》《海上丝绸之路的民间故事》等从文艺的角度汇入"一带一路"宣传和阐释的热潮，但无论从数量还是质量看，相关论著都有相当大的提升空间。

五、核心作者情况

美国著名出版研究专家小赫伯特·贝利指出，"出版史的活动和决策深受一群才华横溢的作者的影响，他们被看作出版社力量的源泉"②，可以说，建立

---

① 胡鞍钢. 重塑中国经济地理：从 1.0 版到 4.0 版[J]. 地理研究，2015(12)：1005-1014.

② 杨敏姗. 谈谈图书作者资源的开发和维护[J]. 科技与出版，2007(8)：52-54.

一支覆盖广泛的核心作者队伍,是出版社及时回应市场需求,持续推出精品热点图书的基础。基于此,本书也对"一带一路"主题图书的作者情况进行了统计分析,其中,出版 5 种以上图书的作者情况如表 8-4 所示。

表 8-4　"一带一路"图书核心作者

序号	作者姓名	所在机构	图书数量(种)
1	刘伟	中国人民大学	10
2	王胜三	民政部	8
3	邹统钎	北京第二外国语大学	7
4	李敬	重庆市社会科学院院	6
5	徐绍史	国家发改委	5
6	张丽君	中央民族大学	4
7	赵江林	中国社会科学院	5

绝大多数作者只有 1 种丝路图书面世。出版 3 种以上主题图书的作者有 38 位,他们共出版了"一带一路"图书 153 种,约占全部图书总量的 15%。更有 7 位作者出版了 5 种以上"一带一路"图书,他们大多来自政府、高校或科研院所的智库机构,具有从事国家战略研究的丰富经验,能根据实际需要,迅速组建跨学科、跨机构的研究团队,推出兼具学术价值和应用价值的学术成果。如中国社会科学院王灵桂密切跟踪国际战略观察家对"一带一路"倡议的研究和评价,推出了《全球视角下的"一带一路"》《全球战略观察报告·国外智库看"一带一路"Ⅲ》《全球战略观察报告·国外智库看"一带一路"Ⅱ》《TPP 为什么陨落:全球战略智库论 TPP、"一带一路"和亚投行》系列图书,为党和政府及国内学术界理解和应对"一带一路"的国际舆论反应提供了宝贵的参考。

第四节　"一带一路"图书出版内容特征

为从整体上把握"一带一路"主题图书的内容特征,本书对全部"一带一路"图书的标题进行了频次统计。在删除部分无意义词汇,合并意义相近词汇后,所得排序前 30 的高频词表如表 8-5 所示。

表 8-5 "一带一路"图书主题高频词

序号	主题词	频次	序号	主题词	频次
1	战略	137	16	政策	16
2	报告	99	17	创新	16
3	合作	80	18	案例	16
4	建设	77	19	视野	16
5	经济	64	20	城市	15
6	国际	50	21	安全	15
7	沿线	49	22	金融	15
8	投资	44	23	旅游	14
9	世纪	34	24	理论	14
10	产业	28	25	防范	14
11	贸易	23	26	环境	13
12	中亚	21	27	治理	13
13	倡议	20	28	开发	12
14	古代	18	29	实践	12
15	世界	17	30	能源	12

与此同时,使用 Rost Content Mining 文本挖掘软件绘制"一带一路"主题图书语义网络如图 8-3 所示。

结合高频词表和语义网络,同时考虑全部著作总体情况,可以发现,当前市面上的"一带一路"著作具有如下几方面特征。

其一,立足国家战略,构建"一带一路"建设的路径和策略,是"一带一路"主题图书的突出特征。作为中华民族复兴的地缘大战略,"一带一路"既旨在把中国与沿线国家打造成为互利互赢、共同繁荣的"命运共同体",也希望在此过程中解决国内区域经济社会发展差距,具有非比寻常的战略价值和时代意义。因此,在"一带一路"倡议扬帆起航阶段,亟待学术界针对这一倡议的历史语境、整体规划、展开路径以及风险应对进行高屋建瓴的预见性阐发,搭建理解和推进这一倡议的策略框架,而标题中含有"战略""视野""政策"等主题词的图书则多

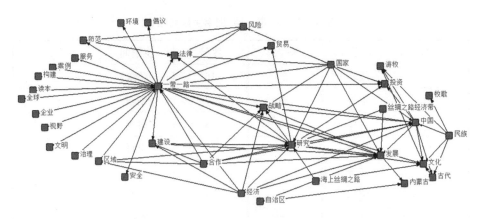

图 8 - 3　"一带一路"图书语义网络

为此类著作,如《"一带一路"战略研究》《中国"一带一路"战略的政治经济学》《世纪蓝图 :"一带一路"实施策略研究》等。

其二,聚焦经济领域,探讨中国与"一带一路"国家产业投资、贸易往来相关问题,是"一带一路"主题图书核心内容。"一带一路"倡议是新时期我国对外开放战略的重要组成部分,凸显了我国与沿线国家,特别是新兴国家和发展中国家携手共进,追求共同发展、共同繁荣的清晰指向。鉴于此,自"一带一路"倡议提出以来,"一带一路"经济合作始终是"一带一路"图书最为重要的主题,以"经济""贸易""投资"等为主题词的著作大多与此有关,如《对外投资新空间:"一带一路"国别投资价值排行榜》《国家战略:"一带一路"政策与投资》《"一带一路"与国际贸易新格局》等。

其三,发挥原有基础,协同出版系列报告,是"一带一路"图书出版的重要形式。作为一项面向世界的综合性倡议,"一带一路"建设是一项广泛涉及政治、经济、外交、能源、生态、交通、科技等众多领域的系统工程,需要不同机构、不同学科乃至不同国别的研究者发挥自身优势,精诚合作、共同研究。此一方面,不少国内学术界领军人物,聚焦"一带一路"建设重要问题,组织科研团队协同攻关,推出系列研究报告,如《中国对外贸易可持续发展报告:"一带一路"篇》《"一带一路"沿线国家五通指数报告》《国际城市发展报告(2017):丝路城市走廊——构筑"一带一路"战略主通道》等,不仅为党和政府及相关企业准确评估"一带一路"建设实际情况提供了宝贵的参考意见,也构成了"一带一路"主题图书市场的特色与亮点。

第五节　"一带一路"图书出版提升策略

一、"一带一路"图书出版问题分析

（一）图书出版理论性有待提升

"一带一路"研究是国家倡议催生的学术领域，具有浓厚的实践性特征和迫切的应用性诉求，故此，目前一部分研究偏重于国家、地方或企业层面"一带一路"建设策略与路径的构建，是相当自然的。然而，随着时间的推移，对策式研究的局限性也变得越发明显，努力夯实"一带一路"倡议的理论根基，"用中国自己的理论范式和话语体系影响世界，'一带一路'才有可能获得更多国际认可和支持"[①]，这不仅是我国哲学社会科学的使命，也是"一带一路"图书出版的努力方向。

（二）主题图书内容的三大缺失

"一带一路"是一个全方位的系统工程，需要不同学科的研究者共同参与、共同研究，然而，据本书的研究，当前的"一带一路"图书却总体呈现重"经"轻"文"，重"古"轻"今"、重"社"轻"科"等三个方面的不足。也即，各大出版社推出的"一带一路"图书相当一部分关注的乃是经济、外贸、金融问题，对作为"一带一路"建设根基的文化交流、民心相通问题的重视程度不足。即便一些图书关注到了"一带一路"文化交流相关问题，但明显偏重我国与沿线国家古代文明文化传统的研究，对丝路文化当代性特征的研究介绍明显不足。此外，与"一带一路"人文社科出版相比，"一带一路"科技出版零星松散，没有形成合力，无法对相关领域的科学研究发挥强有力的引导作用。

（三）出版机构和地域明显失衡

表面来看，全国各地主要出版机构，在"一带一路"图书出版工作中取得了丰硕的成果。但仔细分析，不同省份、不同出版机构对"一带一路"图书出版工作的参与程度，以及由此带来的出版成果，存在显著性差异。虽然造成差异的

---

① 王文."一带一路"需要全面系统研究[N].人民日报,2017-01-23.

很大一部分原因在于各地的出版资源和出版能力不同,但需要看到,如果妥善规划安排,不少省份或机构有能力交出更好的答卷。

二、"一带一路"图书出版提升路径

过去几年,我国出版界在国家规划指引下,着力加强"一带一路"图书出版工作,取得了不俗的成绩。然而,正如本书的分析呈现的,"一带一路"出版工作仍存在较大的改进和提升空间。基于对"一带一路"图书出版现状和问题的实证分析,本书认为,当前,增强"一带一路"图书出版能力,夯实"一带一路"文明之路建设的出版根基,应着力推行如下三大策略。

(一)实施内容均衡策略

针对"一带一路"图书重"经"轻"文",重"古"轻"今"的情况,出版主管部门应制定实施更为精准化的"一带一路"图书出版支持资助政策,重点资助聚焦中国与"一带一路"沿线国家当代生活、能深入阐发"一带一路"与中国特色社会主义文化政治内在关联及有助于促进"一带一路"文化交流相关著作的出版。

(二)实施领域均衡策略

针对"一带一路"科技图书出版工作相对滞后的情况,国家和政府有关部门应高度重视科技创新在"一带一路"建设中的重要地位,制定落实"一带一路"科技出版特别推进计划,通过有效的政策引导、资金支持、平台保障和绩效评价,为科技出版机构策划实施立足长远的"一带一路"科技出版计划创造条件。此外,科技出版机构也应着力加强自身内涵建设,建立并深化与科技界、学术界的常规业务联系,摸准"一带一路"科技创新的节奏,为规划出版身处国家战略和科技创新"双前沿"的精品图书奠定基础[①]。

(三)实施区域均衡策略

针对"一带一路"出版工作区域不均衡现象,相关省市出版管理部门、出版机构应积极融入国家"一带一路"文化交流和发展计划,加紧制定省市"一带一路"出版行动计划,切实鼓励地方出版机构深挖固有潜能,创新出版方式、开辟发行渠道,编辑出版更多"顶天立地",也即既发挥地方特色,又融会国家倡议的图书商品。

---

① 冯妮,王大可."一带一路"战略　中国科技出版的使命与前景[J].传播与版权,2017(9).

第九章
人工智能主题图书出版演进与发展

第一节 研究背景和意义

近年来,经过约 60 年的演进与积累,人工智能"突破了从'不能用、不好用'到'可以用'的技术瓶颈"[①],在政治、经济、军事、社会等领域得到广泛应用,成为引领与推动全球新一轮科学技术和产业革命的核心驱动力。世界主要国家纷纷出台人工智能发展国家规划,力求加快推动人工智能的落地应用,维护本国在人工智能领域的国际竞争优势。从 2017 年开始,人工智能已连续三年被写入我国国务院政府工作报告。2017 年 7 月,国务院发布《新一轮人工智能发展规划》。同年 11 月 15 日,科技部等 15 个中央部委联合成立新一代人工智能发展规划推进办公室。我国各地政府也纷纷结合自身优势,出台地方性的人工智能发展指导意见,如 2017 年 11 月,上海市发布《关于本市推动新一代人工智能发展的实施意见》。这些举措表明,加强新一轮人工智能研发应用,已成为我国重要的发展战略。

当前,编辑出版学界较多地探讨了人工智能时代,图书出版业面临的机遇与挑战,如程忠良从"新平台、新生产、新场景"三个方面构建了"人工智能时代出版业发展模式进化的三大路径"[②],张新新对新闻出版业智能机器人的应用原理及场景进行了分析[③],但迄今尚未有研究者从"内容"层面探讨中国大陆人

---

① 谭铁牛,孙哲南,张兆翔.人工智能:天使还是魔鬼?[J].中国科学:信息科学,2018,48(09):1257 - 1263.

② 程忠良.人工智能时代出版业发展模式进化的三大路径[J].科技与出版,2018(07):127 - 131.

③ 张新新.新闻出版业智能机器人的应用原理与场景分析[J].科技与出版,2018(11):43 - 48.

工智能主题图书编辑出版情况。有鉴于此,本书试图对中国大陆人工智能主题图书出版情况进行全面的分析,从编辑出版的视角揭示人工智能学术积累的厚度与广度,提出优化人工智能主题图书选题策划的思路和建议。

人工智能的概念诞生于 1956 年在美国召开的"如何用机器模拟人的智能"研讨会,其发展目标是"赋予机器类人的感知、学习、思考、决策和行动等能力"[①]。经过多年的发展,人工智能在"学科发展、理论建模、技术创新"等方面整体推进,推动着人类社会各领域从"数字化、网络化向智能化加速跃升"[②]。然而,从人工智能发展的愿景看,当前的人工智能在技术储备和产业落地等方面都尚处"起步阶段",不仅存在不少需要攻克的科学难关,还需要消化处理其给人类治理模式、伦理结构等带来的挑战。因此,本书所说的人工智能主题图书,指的便是以人工智能理论、技术、应用、产业及风险因素等为主题,旨在加强人工智能研究基础,促进人工智能人才培养,提高人工智能普及程度的图书。

图书出版状况是衡量一个学科学术水准和社会影响力高低的重要指标。在人工智能全球竞争日趋激烈,国家人工智能战略扬帆起航的关键时刻,加强和提升人工智能主题图书出版,具有重要而深远的意义。这主要体现在三个方面。

第一,历史地看,人工智能的发展之所以一波三折,一个重要的原因是"对研究难度估计不足,算法、硬件和计算能力没有实现大的突破"[③]。当前,人工智能虽然突破了从"不能用"到"可以用"的技术瓶颈,但离"很好用""用得好"还有很大的距离。和当代其他前沿科技比,人工智能不仅在基础理论研究和关键共性技术研发上有很多技术难题要突破,在相关技术的产业化和落地应用方面也有很多的环节要打通。图书出版是科技创新系统的重要环节,人工智能图书出版有助于促进学术积累、引导创新研究、传播科学成果,为该领域的科技创新提供出版和智力支撑。

第二,目前,我国人工智能发展势头极为迅猛,不仅在相关专利申请数上领先于世界其他国家,还在语音识别、图像识别等细分领域具备了与国际顶尖科

---

① 谭铁牛.人工智能的创新发展与社会影响[J].中国人大,2019(03):36-43.
② 李伯虎.新一代人工智能技术引领中国智能制造加速发展[J].网信军民融合,2018(12):9-11.
③ 王志刚.发挥人工智能"头雁"效应 把握新一轮科技革命战略主动[J].紫光阁,2018(12):9-10.

研机构及企业竞争的实力。然而，整体来看，我国人工智能发展水平与美国等西方国家比，还存在不小的差距。"中国人工智能市场集中在应用层面，深度学习能力不足"[①]，而缺乏深度学习等基础技术领域的研究和突破，将制约我国人工智能的长远发展。在这个意义上，作为中外科技信息交流与沟通的主要渠道，人工智能图书出版，特别是国外人工智能研究成果的译介，有利于国内学术界把握国际趋势、紧跟学术前沿，取得原创性的成果。

第三，"科技创新、科学普及是实现创新发展的两翼[②]。"中美人工智能人才储备的差距，体现在"尖度"与"厚度"两个方面，相关材料表明，当前，中国人工智能企业从业人数约为美国的 50%，而 10 年从业者人数仅为美国的 1/30，人才缺口问题十分严峻。国务院印发的《新一代人工智能发展规划》指出要实施全民智能教育项目，教育部相关负责人更明确，未来将在 K12 阶段引入人工智能普及教育。在此当口，人工智能图书出版将有助于提升社会公众的人工智能素养，为智能化时代的来临奠定坚实的社会基础、营造良好的创新氛围。

第二节　人工智能图书出版基本趋势

本书的数据来源于中国国家图书馆馆藏数据系统。作为"国家文献资源总库"，国家图书馆收录的人工智能主题图书最为系统全面。在具体操作上，本书运用 Python 爬虫软件，从国家图书馆馆藏系统中抓取了主题为"人工智能"的全部图书（抓取时间为 2019 年 2 月 10 日），抓取的变量包括书目、作者、出版时间、出版机构等。基于抓取的数据，本书一方面使用内容分析研究方法，对人工智能图书出版的整体态势进行描述性分析，另一方面使用 ROST CM 文本挖掘软件，绘制人工智能图书语义网络，进而总结人工智能图书的选题特征。

一、时间及数量

虽然在改革开放初期，"智能模拟"等人工智能研究领域就被纳入国家研究计划，而在 20 世纪 80 年代中叶，以吴文俊为代表的中国科学家，就在自动推理

---

① 许亚倩.中美人工智能差距何在[J].中国经济报告，2017(11)：119 - 120.
② 王康友，尹霖，谢小军，胡俊平.把科学普及这一翼打造得更强大[J].科普研究，2016，11(03)：5 - 9.

等领域的研究上取得了领先世界的学术成果,但从图书出版的情况看,直到 21
世纪初,人工智能研究和出版才真正步入了快车道。2000 年以前,中国出版界
推出的人工智能图书总数仅为 12 种,而在 21 世纪的第一个 10 年,人工智能图
书总数达 278 种,并且从 2006 年到 2008 年,人工智能图书年度出版数量都超
过了 40 种。在 2010 年至 2015 年间,人工智能图书出版数量较前一阶段的高
点有所下滑,但 2016 年以来,得益于《机器人产业发展规划(2016—2020)》《"互
联网+"人工智能三年行动实施方案》国家发展规划的推动,人工智能图书年度
出版数量从 2015 年的 30 册激增至 2018 年的 128 种,年均增幅超过 100%,体
现出学术界和出版界高涨的热情(见图 9-1)。

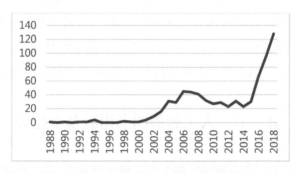

图 9-1　人工智能图书年度出版数量(种)

二、机构及地域

截至 2018 年年底,全国共有 154 家出版机构出版过人工智能主题图书,如
表 9-1,出版数量最多的出版机构如科学出版社、机械工业出版社、清华大学
出版社和电子工业大学出版社,各自推出的人工智能图书数量都超过了 50 种。
科学出版社、机械工业出版社和电子工业出版社都是国内颇具影响力的科技出
版机构,在人工智能出版领域深耕已久,享有独特的资源和优势,近年来更策划
出版了《人工智能:驯服赛维塔》《2020 年人工智能时代:我们幸福的工作方式》
等多种有深度的畅销图书,提高了全社会对人工智能的认知水平。根据 2018
年全球高校 AI 实力排名,清华大学力压康奈尔大学、斯坦福大学等顶级名校,
排在第 2 位。依托清华大学雄厚的 AI 实力,清华大学出版社在人工智能出版

领域同样表现不足,不仅早在 21 世纪初,就前瞻性地策划推出了《自动化与人工智能》等著作,近年更聚焦自动化技术和计算机技术出版领域,推出了《第四次革命:人工智能如何重塑人类现实》《多智能体系统及应用》等图书,丰富了国内学术界对人工智能理论的理解。

表 9‑1　出版人工智能图书最多的机构与地域

机构名称	出版数量(种)	地域名称	出版数量(种)
科学出版社	88	北京	499
机械工业出版社	63	上海	48
清华大学出版社	63	武汉	19
电子工业出版社	57	西安	17
人民邮电出版社	38	杭州	13
国防工业出版社	33	长沙	13
高等教育出版社	23	长春	10
中信出版集团	17	广州	7
北京邮电大学出版社	13	哈尔滨	7
上海交通大学出版社	12	合肥	7

与此同时,出版人工智能图书的 154 家出版机构分布在全国 34 个城市(含直辖市),而位于北京的出版机构推出的人工智能图书数量高达 499 种,几乎占全部图书的 70%,遥遥领先于全国其他城市。在北京之后,上海、武汉和西安的图书出版数量较多,都超过了 15 种,与排在第一位的北京比,差距十分明显。

三、作者及译介

如表 9‑2 所示,从人工智能图书作者方面的情况看,共有 12 位作者(或机构)推出的人工智能图书数量超过 4 种,其中中南大学的蔡自兴和中国科学院的史忠植出版相关图书数量最多,超过了 10 种。蔡自兴是我国著名的人工智能专家,被誉为"中国智能控制学科的奠基者""中国人工智能教育第一人",曾于 2014 年荣获吴文俊人工智能科学技术成就奖。蔡自兴推出的人工智能图书既包括研究专著,如《智能技术:系统设计与开发》,也包括普及性教材,如《人工智能与大数据:小学版(试用本)》。史忠植也是我国著名的人工智能专家,早在20世纪80年代就出版了《知识工程》专著,引领我国人工智能知识工程研究,近年来更推出了《人工智能》等专业教材,为相关学子和科技人员准确把握人工智能技术的进展和方向,绘制了清晰而有深度的图谱。

表9-2　人工智能图书核心作者

作者姓名	工作单位	出版数量(种)	作者姓名	工作单位	出版数量(种)
蔡自兴	中南大学	11	贾可荣	海军工程大学	4
史忠植	中国科学院	10	丁永生	东华大学	4
戴汝为	中国科学院	6	李德毅	北京联合大学	4
王万良	浙江工业大学	6	王万森	首都师范大学	4
中国智能学会	—	6	肖人彬	华中科技大学	4
朱福喜	武汉大学	6	钟义信	北京邮电大学	4

此外,据统计,国内出版机构从15个国家引进过人工智能主题图书,译介图书数量为142种,约占全部图书数量的20%。其中,译自美国的图书数量最多,达82种,占译介图书数量的58%。译自英国和日本图书数量紧随其后,占比分别为14%和13%。从全球范围看,美国和中国是人工智能领域最有力的竞争者,但在企业数量、人才队伍等诸多关键指标上,中国与美国的差距依然十分明显,在这个意义上,国内出版界注重从美国引进人工智能图书,有助于补强我国在人工智能领域的智力短板。

第三节　人工智能图书出版的内容特征

一、学科分布

按照中图分类法统计标准,全部人工智能图书涵盖19个学科门类,其中包括 8 个人文社科学科门类和 9 个自然科学学科门类,可以说,学科分布较为广泛(见表 9 - 3)。

表 9 - 3 人工智能图书涉及学科

学科大类	学科数量	学科种类
人文与社会科学学科	8	F(经济)、G(文化、科学、教育、体育)、C(社会科学总论)、D(政治、法律)、B(哲学、宗教)、K(历史、地理)、J(艺术)、H(语言)
自然科学学科	9	T(工业技术)、O(数理科学与化学)、X(环境科学、安全科学)、U(交通运输)、S(农业科学)、V(航空、航天)、R(医药、卫生)、Q(生物科学)、P(天文学、地区科学)
其他学科	2	E(军事)、Z(综合性图书)

进一步分析,虽然人文社科学科数量和自然科学学科数量大体相同,但人文社科图书数量却明显少于自然科学图书数量。在人文社科图书中,图书数量最多的 F 类和 G 类图书,图书数量分别为 33 种和 24 种,其他人文社科学科图书数量均少于 10 种。自然科学图书总量则高达 613 种,在全部图书中的占比超过 85%。在自然科学图书内部,人工智能图书的学科分布也不均衡,其中 T 类图书数量最多,达 592 种,几乎占全部自然科学图书的 97%,而其他 8 个自然科学学科图书数量加起来才 21 种,不及人文社科学科中 F 类、G 类图书。

二、选题特征

本书将人工智能图书的标题及内容提要输入 TXT 文档,再运用 ROST CM 软件对该文档进行文本挖掘,绘制人工智能图书语义网络图,见图 9 - 2。在语义网络图的基础上,结合对图书出版情况的整体把握,可以发现出版界推出的人工智能图书具有如下几方面的特征。

其一,从"神经网""遗传""神经""原理""理论"等语义网络图上的关键词可以看出,人工智能基础理论是人工智能图书的基本主题。虽然人工智能技术在过去几十年前取得了长足进步,但如人工智能专家,美国加州大学伯克利分校

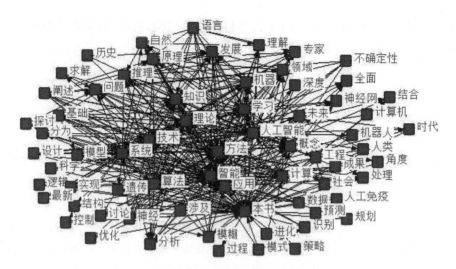

图 9 - 2   人工智能图书语义网络

斯图尔特·罗素(Stuart Russell)指出的,在某种程度上,当前我们所说的人工
智能还只是神经网络,人们借助脑科学和神经科学最新的研究成果,"建立模拟
大脑信息处理过程的智能计算模型",从而使得机器具有某种智能的表现,可以
说,神经网络是"人工智能发展中的重要方法",也是"类脑智能研究中的有效工
具。"①也正因为此,国内推出的人工智能图书较多关注了以神经网络为代表的
人工智能基础理论问题,此类图书如《图解深度学习与神经网络》《仿生人工智
能》《计算智能:人工神经网络·模糊系统·进化计算》从不同角度介绍研究了
神经网络、专家系统、知识工程、自然语言理论等领域人工智能理论的演进脉络
和发展前景。

其二,"算法""计算""数据""机器""学习"等关键词也位于语义网络的关键
节点,这意味着信息科技领域人工智能技术研发是人工智能图书的核心关切。
作为计算机科学的分支学科,信息及通信科技为人工智能的发展提供了必要的
技术支撑,特别是信息技术领域关于计算复杂性理论、启发式算法等问题的研

---

① 焦李成,杨淑媛,刘芳,王士刚,冯志玺.神经网络七十年:回顾与展望[J].计算机学报,2016,39(08):
1697 - 1716.

究更成为"人工智能研究的重要知识基础"[①]。在这一方面,相关图书《不确定数据信任分类与融合》《模式识别与智能计算》《人工智能及其教育应用》或详细介绍了人工智能的各种新型算法,或重点研究具体领域选择算法的改进应用,或深入探讨了智能增强、类脑计算、人机交互等人工智能技术研发的社会与伦理困境,都打开了中国社会对人工智能"算法"方面的认知空间。

其三,在人工智能图书语义网络图上,"应用""社会""工程"等关键词也位于节点的位置,这表明,基于人工智能技术的产业及技术应用,也是人工智能图书出版的重要关注点。从学科属性和技术特征的角度看,人工智能的渗透性、延展性极强,在社会生活相关领域的应用十分广泛,相应地,围绕人工智能在医疗、教育、传媒、建筑等具体领域的应用,出版界也策划推出了一些图书,如《孤高求败》从农业、制造业、汽车等领域,选取了 52 家致力于拓展人工智能新事业的典型企业,介绍研究了它们的发展动向,《企业生产调度的智能优化方法》研究了新型群体智能优化算法的基本原理及其在不同类型企业生产调度中的应用问题。

第四节　人工智能图书出版提升策略

人工智能是面向未来的创新科技和引领世界发展的新兴驱动力,对全球各国的政治稳定、经济发展和技术进步有重要的影响[②]。这同时决定了,作为社会的"热点"和"痛点",人工智能几乎天然是图书出版的最佳选题。借助内容分析和文本挖掘研究方法,本书发现人工智能图书数量逐年攀升,涵盖的学科范围较为广泛,还围绕人工智能基础理论、人工智能技术研发及应用形成了相对稳定的出版领域,为我国人工智能事业的发展做出了出版的贡献。与此同时,与人工智能全球竞争态势,特别是人工智能在国家发展战略中的地位比,当前的人工智能图书出版还存在不少薄弱环节,亟待在选题策划层面进行调整和提高。

---

①　张春博,丁堃,贾龙飞.国际人工智能领域计量与可视化研究——基于 AAAI 年会论文的分析[J].图书情报工作,2012,56(22):69-76.
②　张春博,丁堃,贾龙飞.国际人工智能领域计量与可视化研究——基于 AAAI 年会论文的分析[J].图书情报工作,2012,56(22):69-76.

第一,聚焦国际学术前沿,增强人工智能图书学术含量。当前,国内出版的人工智能图书主要聚焦于算法、机器学习、专家系统、神经网络等领域,它们虽然是人工智能研究中的基础性问题,但却说不上是当今世界人工智能研究最前沿的问题。根据张振刚等人的研究,当前,国际人工智能研究的热点已经转向"语义识别、生物识别、图像识别和智能教育"等热点领域和前沿技术①。因此,出版界应根据国际学术动向,适时调整人工智能科技类图书出版的重点与方向,加强对人工智能领域科技创新的支撑和引领。

第二,加强社科类图书选题策划,襄助人工智能产业落地和商业转化。学术界普遍认为,人工智能的创新性不仅仅停留在科学与技术层面,其正以"润物无声的柔软改变整个世界""成为人类认识世界改造世界新的切入点,成为经济社会最重要的经济来源。"②然而,对于如何促进人工智能产业落地,如何加快人工智能商业转化,如何妥善的应对和处理人工智能的应用对人类现有政治、经济、法律乃至伦理模式带来的挑战,全世界仍所知甚少。在这个意义上,挑战即是机遇。出版界在加强人工智能科技出版工作的同时,也应进一步加强人工智能社科图书的出版力度,引导研究人工智能在经济与社会领域应用模式、探索人工智能如何影响人类和社会未来的图书的出版,为人类社会进入智能时代做好知识和理论的准备。

第三,扩大译介来源,丰富参照体系。从数量及占比上看,出版界译自国外的人工智能图书不能算少,但译介来源则比较单一,将近60％的图书译自美国。虽然美国在人工智能研究和出版上具有领先全球的实力,但过于依赖美国的出版和科技信息,也容易使我国人工智能的发展缺乏多元的参照。比如说,虽然在整体实力上,德国的人工智能水平不及美国,但早在20世纪70年代,德国就在制造业发展中开始了"机器换人"的探索,而在"工业4.0"的推进过程中,德国更积累了大量运用人工智能促进制造业转型升级的成功经验③。虽然出版界已经引进了《无边界的新工业革命》等介绍德国智能制造经验的图书,但图

① 许晔.下一代人工智能:引领世界发展的新兴驱动力[J].人民论坛·学术前沿,2017(20):14-23.
② 张振刚,黄洁明,陈一华.基于专利计量的人工智能技术前沿识别及趋势分析[J].科技管理研究,2018,38(05):36-42.
③ 冯妮,李本乾.智能时代的国家战略与科技出版——"智能制造"主题图书出版(2015—2018)分析[J].科技与出版,2019(02):155-160.

书的数量和总量并不丰富。因此,出版界在继续大力引进美国人工智能领域精品图书的同时,还应该放开视界,扩大译介来源①,从德国、日本、韩国等制造业发达国家,乃至印度、巴西等发展中国家,引进契合我国需要的优质图书,丰富我国理解与施行人工智能的参照体系。

第四,创新人工智能科普图书出版,促进社会公众科学素养提升。随着智能化时代的临近,人工智能的普及和教育得到政府和社会的普遍关注。在教育部公示的 2019 年度面向中小学生的全国性竞赛活动中,与人工智能直接相关的就有 4 项,如"中国青少年机器人竞赛""全国青少年人工智能创新挑战赛"等,而在不久的将来,人工智能课程还将走进中小学的课堂。可以说,面向中、小学生和社会公众的人工智能科普公众不仅意义重大,并且前景广阔。当前,国内一些出版机构如华东师范大学出版社已抢先布局这一出版市场,推出了"AI上未来制造者——中小学人工智能精品课程系列丛书",但此类图书的数量、种类及丰富程度都远远无法满足社会需求。有鉴于此,无论是引进还是培养,出版界都应根据不同年龄阶段读者阅读趣味和认知水平,策划推出更多知识系统、形式多样、装帧精美的人工智能普及读物,增强全社会对人工智能的理解和认知水平。

---

① 王大可.探求域外的自我:中国形象图书出版演进趋势和内容挖掘[J].科技与出版,2018(10):187 - 192.

第十章

公共卫生主题图书出版演进与发展

第一节　研究背景和意义

"没有全民的健康，就没有全面的小康。"健康是人民的基本需求和权利，全民健康是全面建设小康社会的重要目标。党的十九大提出要"实施健康中国战略"，把人民健康放在优先发展的战略地位①。公共卫生工作是健康中国战略"预防为主"方针的集中体现，在健康中国建设中发挥着重要的引领作用。2003年以来，我国大力推进公共卫生制度改革，建立了较高层次覆盖全民的基本卫生医疗制度，获得世界卫生组织颁发的"社会健康治理杰出典范奖。"②然而，2020年新冠肺炎疫情暴露出，面对重大公共卫生事件，国家公共卫生体系、全民公共卫生意识都存在亟待补强的短板。那么，在国家公共卫生体系建设中，公共卫生图书出版具备怎样的价值和功能，其知识生产与传播的特征如何，是否能为这一体系的不断完善提供足够的知识储备和及时的知识服务？

公共卫生是需要国家和每一位国民共同参与的公共事业，旨在通过"预防控制疾病与伤残，改善与健康相关的自然和社会环境，提供基本医疗卫生服务，培养公共健康素养"③。保障全民健康，促进健康公平，建立和不断完善本国公共卫生体系，是世界各国政府的基本职责。当前，我国已基本建立覆盖全民的公共卫生体系，但面对生态环境、生活方式的变化及影响健康和生病的常规因

---

① 李斌. 实施健康中国战略[N]. 人民日报，2018 - 01 - 12(007).

② 李玲.卫生健康70年的发展是中国奇迹最亮丽的一部分[N]. 21世纪经济报道，2019 - 09 - 24 (004).

③ 郑灵巧. 学界提出"中国版本"公共卫生定义[N]. 健康报，2009 - 10 - 20(001).

素、突发因素的挑战,我国的公共卫生体系仍存在发展不平衡、不充分等一系列问题。故而,本书所说的公共卫生图书,指的便是以疾病防治、卫生监管、健康教育、医疗制度等公共卫生基本任务为主题,旨在厚植公共卫生体系建设知识基础,推动公共卫生体系改革,增强全民公共卫生素养的图书。

"出版的本质其实是知识生产和知识传播",在国家公共卫生体系建设中,图书出版承担着"提供借鉴方案、决策支持、咨询建议"等"各种形态的知识服务"[①]的重要功能。具体而言,这主要表现为三个方面。

第一,公共卫生是一个涉及领域十分广泛的学科,不仅与基础医学、临床医学、预防医学等多种医学学科密切相关,在具体运作过程中,还需要环境科学、管理学、社会学、法学乃至计算科学等多学科知识共同发挥作用。譬如,在2020年新冠肺炎疫情防控中,大数据、云计算、人工智能等新一代信息技术就在疫情传播预警与监测等方面发挥着重要作用。图书出版是社会知识生产和学术交流的主要载体,公共卫生图书出版承担着促进公共卫生学术积累、引导公共卫生科技创新,为公共卫生事业发展提供跨学科知识和技术支撑的使命。

第二,新中国成立以来,特别是2003年"非典"以来,我国公共卫生体系建设得到显著加强,应对紧急公共卫生事件的能力不断提升。不过,正如新冠肺炎疫情防治中,不少政府和学界人士指出的那样,我国公共卫生治理体系和治理能力,还有很大提升空间,譬如,与一些域外国家较为均衡的公共卫生预警体系比,我国不同地区疾病监测系统的成熟程度大不相同[②]。图书出版是国际信息流动和知识传递的主要通道,公共卫生图书出版,特别是国外公共卫生图书的译介,有助于了解国际公共卫生理论与技术前沿,汲取国际公共卫生实践成功经验,为我国公共卫生事业的发展提供更多的参照。

第三,卫生健康知识的宣传和普及是公共卫生工作的重要环节。从国际经验看,公共卫生体系较为发达的国家,都十分重视借助图书、报刊、互联网等多种媒介手段,提高民众的健康和卫生素养。与此相对,由于我国公共卫生知识传播力和引导力不足,我国公众的常规健康素养及面对公共卫生紧急事件时的

---

① 方卿,王一鸣.论出版的知识服务属性与出版转型路径[J].出版科学,2020,28(01):22-29.
② 谈在祥.美国、日本突发公共卫生事件应急处置体系的借鉴及启示[J/OL].卫生经济研究:1-6[2020-02-13].https://doi.org/10.14055/j.cnki.33-1056/f.20200210.001.

应对能力都有所欠缺,"以新冠肺炎为代表的突发公共卫生危机在一定程度上起源于民众对于公共卫生知识的缺乏,比如不能食用野生动物、疫情期间的个人防护措施等。"[6]在这个意义上,作为社会民众接触、了解健康卫生知识的主要媒介,公共卫生图书出版还承担着提高全民健康素养,做好公共卫生服务宣传的职责。

第二节　公共卫生图书出版基本趋势

本书运用 Python 编写爬虫程序,从中国国家图书馆馆藏系统抓取了主题为"公共卫生"的全部中文图书及信息(抓取时间为 2020 年 2 月 15 日),总计获得图书书目 599 条。接下来,本书按照两个原则对书目进行了整理:其一,在抓取的书目中,部分图书为公共卫生领域执业资格考试的辅导资料如《公卫医师模拟试卷》,此类图书予以剔除;其二,国家图书馆也收录了一些我国台湾、香港地区出版的公共卫生图书,但数量不多,较难反映这两个地区的实际出版情况,故这两个地区出版的公共卫生图书,本书也予以剔除。在经过两次数据整理后,公共卫生图书书目总计 519 条,这些书目便是本书讨论公共卫生图书供给情况的基本数据。

一、非典疫情催生公共卫生图书出版热潮

从新中国成立初期开始,出版界就致力于公共卫生图书出版工作。1950年和1951年,当时的中央和地方卫生管理部门就出版了《夏季卫生及传染病》《城市卫生建设》等图书,为新中国公共卫生事业的开展提供最初的参考书籍。1951年,中央人民政府卫生部卫生教材编审委员会还组织翻译了苏联学者维诺格拉多夫的《苏联公共卫生》,这是新中国最早的公共卫生教材之一。从1953年到1960年,虽然年均出版数量仅为1.5种,但出版界仍持续推出公共卫生图书。不过,从1961年开始,这个传统中断了25年。国家图书馆馆藏信息显示,直到1986年,出版界才重新出版公共卫生图书,这一年,上海和北京的出版机构出版了两种《公共卫生术语汇编》和1种《中国医学百科全书·公共卫生工程学》。

从 1986 年开始,除了 1987 年和 1990 年的例外,公共卫生图书出版成为常态,但年度出版数量仍比较有限。2003 年"非典"疫情的爆发及应对,增强了全社会的公共卫生意识,带来国家公共卫生体系的重大变革,也催生了公共卫生图书出版的热潮。在 2003 年之前,公共卫生主题图书年度出版数量最高为 5 种,但 2003 年当年,这一主题图书出版数量就达到了 25 种。在 2003 年到 2018 年间,公共卫生图书年度平均数量为 26.75 种(见图 10－1)。

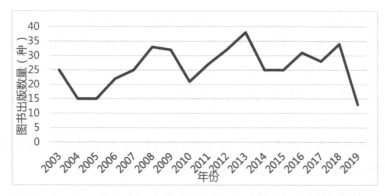

图 10－1　2003 年"非典"以来公共卫生图书年度出版数量

此外,从图 13－1 还可以发现,图书年度出版数量的多少与当年前后有没有重大公共卫生事件密切相关。譬如,从 2006 年到 2009 年,公共卫生图书出版数量走出"非典"之后"低谷",进入又一个高潮期。为了保障 2008 年北京奥运会的顺利召开,政府高度重视奥运会公共卫生安全工作,在北京和全国范围开展了一系列专项行动,也由此带来公共卫生图书出版的热潮,当时出版的不少图书如《重大活动卫生保障监督与服务管理》《奥运公共卫生保障涉外交流手册》带有很明显的奥运印记。2012 年,卫生部组织数百位专家研讨,最终形成《健康中国"2020"战略研究报告》,构建了我国第一个较为系统的健康卫生发展综合目标体系。2017 年,党的十九大报告正式提出"健康中国战略"。在这两个国家健康卫生工作大事件的推动下,2013 年和 2018 年的公共图书数量也各自达到阶段性高点。

二、公共卫生图书出版机构分布较为广泛

据统计,全国共有 178 家出版机构出版过公共卫生图书,平均每个出版社出版 2.9 种,50％的出版机构只出版过 1 种公共卫生图书,出版数量 5 种(含)以上的出版机构共 24 家,约占全部出版机构总量的 13.5％。人民卫生出版社、复旦大学出版社和黑龙江人民出版社出版的公共卫生图书数量最多,分别为 73 种、21 种和 12 种。人民卫生出版社是国家卫生健康委员会直属中央级医药卫生出版机构,其出版的公共卫生图书不仅数量多,涉及领域也最为广泛。复旦大学具有国内领先的附属医院系统,2001 年后,复旦大学出版社也全面整合了原上海医科大学出版社的业务资源,其推出的公共卫生图书既包括《公共卫生监测:理论与实践》等理论性较强的著作,也包括《复合型公共卫生人才培养论纲》等教育类图书。

从出版机构所在地域分析,178 家出版机构分布在全国 36 个城市,其中北京的出版数量最多,达 271 种,遥遥领先于全国其他城市,排在第 2 位的城市是上海,但出版数量仅为 43 种。在 36 个城市中,14 个城市出版数量少于 5 种(不含),7 个城市出版数量多于 10 种(不含),占比分别为 7.8％和 3.9％。

三、公共卫生图书作者以国内作者为主

在全部 519 种公共卫生主题图书中,有 28 种图书是从国外 10 个国家翻译引进的,翻译图书在全部图书中的占比仅为 5.4％。进一步来看,在这 28 种图书中,有 10 种翻译自美国,7 种翻译自苏联,相应地,翻译自其他 8 个国家的图书数量仅为 11 种。翻译自苏联的图书都出版于 20 世纪 60 年代前,《卫生工程用的机床、夹具和零件》《城市卫生设施》《卫生工程工长手册》等代表性图书为新中国卫生事业的开展提供了最初的指南。21 世纪以来,我国逐步推动新一轮卫生体系改革,而美国作为当今世界公共卫生体系最发达的国家之一,多少成为中国新的对标对象,由此,出版界也从美国引入《当代美国公共卫生:原理、实践与政策》《公共卫生防范能力:美国州和地方计划标准》等图书,增进了社会各界对美国公共卫生体系建设的认识。

当然,占比 94.6％的公共卫生图书,其作者均是国内作者。根据本书对这

些图书第一作者的统计,出版 4 种(含)以上图书的作者共有 6 位,中国疾病预防控制中心、吴群红、许国章的图书出版数量最多,分别为 9 种、5 种和 5 种。中国疾病预防控制中心是国家级疾病预防控制与公共卫生技术管理和服务的公益事业单位,至少从 2007 年开始,该中心每年都会出版《全国伤害监测数据集》,对全国伤害监测系统上报的病例进行汇总和分析。吴群红和许国章分别是哈尔滨医科大学和宁波市疾病预防控制中心的公共卫生专家,他们的图书如《公共卫生基础》主要集中在卫生基础科学领域。

第三节　公共卫生图书出版内容特征

一、公共卫生图书覆盖中图分类法 14 个学科

本书按中图分类法学科分类标准,对全部公共卫生图书的一级学科类属进行了统计分析,部分图书涉及多个学科门类,则分别统计 1 次,结果发现全部图书共覆盖 14 个学科大类,其中 C(社会科学总论)、H(语言、文字)、K(历史、地理)、S(农业科学)、Z(综合性图书)等 7 个学科仅录得 1 种公共卫生图书,X(环境科学)、Q(生物科学)、I(文学)、F(经济)、T(工业技术)等学科录入的图书数量在 2 至 15 种之间。R(医药、卫生)、D(政治法律)和 G(文化、科学、教育、体育)3 个学科的图书数量位居前列,分别为 448 种、40 种和 16 种。

二、突发公共卫生事件应对是公共卫生图书主要关切

本书将全部图书的书目和内容提要输入 TXT 文档,再运用 ROST 文本挖掘软件对该文档进行内容挖掘,绘制出公共卫生图书的语义网络图,见图 10 - 2。以语义网络图为导引,结合对全部图书情况的整体把握,本书认为,目前国内出版的公共卫生主题图书,存在三方面的内容特征。

第一,突发公共卫生事件的应对与处理是公共卫生图书的基本关切。在公共卫生图书语义网络图上,"非典""应急""突发""风险"等语词位于关键节点,一方面表明,抗击"非典"的胜利在当代中国公共卫生意识的塑造上发挥着极为重要的作用,以至于"非典"结束至今,相当一部分公共卫生图书在建立自身叙

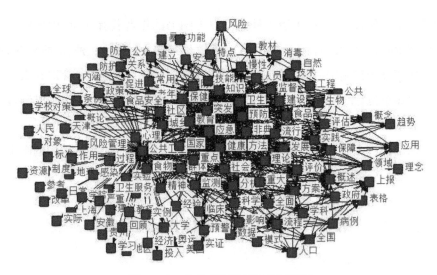

图 10-2　公共卫生图书语义网络图

述脉络时,都要从"非典"讲起;另一方面,"非典"疫情危机性、突发性的特征,也使得国内出版的公共卫生图书更多关注突发公共卫生事件的应对与处理问题,相关图书如《中国突发公共卫生事件管理模式研究》《突发公共卫生事件应急处理实践》或从理论层面出发,概况和总结我国应对突发公共卫生事件的模式变迁,或结合典型案例,介绍应对重大公共卫生突发事件的规范做法,都增进了国家公共卫生应急体系建设的知识积累。

　　第二,从"理论""技能""知识""实例""教材"等语义网络图中的关键词汇,可以推断提供有关公共卫生的基础科学知识,是相当一部分图书的撰述目的。在统计全部图书一级学科门类的基础上,本书还参照中图分类法二级、三级学科分类标准,对全部图书的细分主题进行了统计,发现"各国卫生保健事业概况"和"卫生基础科学"细分主题图书数量位居前列,共占全部图书总量的46.4%。这两个主题图书从内容广度上讲,一般较为繁杂,如"各国卫生保健事业概况"类图书,会广泛涉及世界各国公共卫生的内涵、政策、模式乃至具体的工作指南等多方面内容,但与此同时,理论深度则较为有限,譬如《基层医务人员公共卫生防治知识》等"卫生基础科学"主题图书提供的只是公共卫生相关领域最基本的知识,其中不少图书如《公共卫生与预防医学导论》甚至只是公共卫生等相关专业的教材。

第三,在语义网络中,除了有"社区""社会""群体"等与城市生活亲缘性较高的语词,还出现"上海""天津"等多个沿海城市或省份的名字,再加上"城市居住卫生"细分主题图书数量紧随"各国卫生保健事业概况""卫生基础科学"两个细分主题之后,高达 90 种,这表明目前国内出版的公共卫生图书较为关注与城市生活有关的公共卫生问题。这类图书如《公共场所卫生监督》《上海市重大活动公共卫生监督保障指南》一般侧重介绍城市生活不同领域公共卫生实践的理论与实践。

第四节　公共卫生图书出版提升策略

一、提高公共卫生图书学术含量,更多关注基础理论和技术问题

当前,虽然公共卫生图书涉及面较广,但相当一部分仅停留在相对简单的知识介绍层面,能围绕制约我国公共卫生事业发展的深层次体制机制问题或关键技术问题进行深入研究的图书数量较为有限。从历史经验看,新冠疫情结束后,我国公共卫生图书出版必将迎来一个新的高潮。在此当口,出版界应未雨绸缪,从国内外学界有深入、前沿性的思考中发掘选题,提高公共卫生图书的理论深度和技术厚度,助力国家公共卫生应急管理体系的健全和完善。

二、拓宽公共卫生图书学科领域,推动细分领域跨学科专业研究

虽然公共卫生图书覆盖的中图分类法一级学科数并不算少,达 14 个,但图书主体还是隶属于 R(医药、卫生)学科,而即便在 R(医药、卫生)学科内部,相关图书也主要集中在"各国卫生保健事业概况""卫生基础科学""城市居住卫生"等少数细分学科主题,从广度上看,有很大的欠缺。实际上,公共卫生是一个涉及十分广泛的领域,迫切需要多学科知识的支持。譬如,在新冠疫情防治中,习近平总书记多次指出要依法治疫,他还强调,建立更加完备的国家公共卫生治理体系,要全面加强和完善公共卫生领域相关法律法规建设,认真评估传染病防治法……尽快出台生物安全法……目前,法学等领域公共卫生图书数量很少,习近平总书记的讲话既是对出版界的要求,也为出版界拓宽公共卫生图

书出版学科领域,指明了方向。

三、增加公共卫生图书翻译出版,丰富我国公共卫生改革参照体系

建立和完善国家公共卫生治理体系,既要坚持中国特色,也要借鉴国际经验。黄奇帆在反思新冠疫情时提到,与一些域外国家比,我国不同地区、不同等级医院设施的差别可谓天壤之别,这不仅带来严重的医疗和公共卫生服务质量不平衡问题,也导致不同地区应对突发疫情的意识和能力存在显著差距。此外,根据智研资讯的统计,目前,我国每千人公共卫生人员数仅为 0.61 人,远低于世界平均水平。因此,为补强我国公共卫生体系的短板,出版界应加大公共卫生图书翻译出版力度,更多引进介绍或研究域外国家公共卫生事业探索与实践的图书,为我国公共卫生事业改革提供更丰富的域外参照。

四、重视基层农村卫生图书策划,持续提高公共卫生图书覆盖面

基层和农村卫生工作在国家公共卫生体系中处于"兜底性"的枢纽位置。近年来,以医改的全民覆盖为主要标志,我国基层和农村卫生工作发展较快,但和城市卫生工作比,仍面临"医疗服务基础薄弱……乡村医生紧缺……农村居民等基层医疗卫生服务功能的信任度降低"等结构性问题。目前,市面上的公共卫生图书主要关注城市公共卫生问题,对基层和农村卫生问题的关注较少。"农村医疗卫生事业的发展水平是衡量……健康中国建设水平的重要依据",在继续关注城市卫生工作问题的同时,出版界应目光向下,加强农村卫生工作调研,为关注和研究基层农村公共卫生事业的图书创造更多的出版机会,推动公共卫生领域的"精准扶贫"。

五、创新公共卫生科普图书出版,加强公共卫生意识的宣传教育

"科技创新、科学普及是实现创新发展的两翼",健康中国的建设离不开每一位国民卫生健康素养的提升。在目前全部的公共卫生图书中,仅有 6 种图书直接隶属于"卫生宣传教育"细分主题,这显然无法满足国家公共卫生事业发展的需要。可喜的是,在新冠疫情中,出版界已注意到公共卫生科普的重要性。譬如,在短时期内,北京科学技术出版社出版《妈妈要去"打怪兽"》,湖南少年儿

童出版社推出《读童谣，防病毒：新型冠状病毒防疫绘本》，中国工人出版社出版《新型冠状病毒职工防护知识 50 问》……这些图书面向不同群体，运用多种媒介形式，引导公众科学理性地认识病毒和疫情，发挥了很好的社会效益。新冠疫情结束后，出版界应将这些成功探索和实践常态化，以更大力度创新公共卫生科普出版，为全社会卫生与健康素养的提高贡献力量。

　　健康中国与公共卫生体系建设，既是国家重大战略，又关切每一位国民的切身利益，持续跟踪其进展，从中发掘选题，是出版界的社会责任所在。新冠疫情结束后，我国公共卫生体系建设将有新的进展，公共卫生图书出版也将迎来新的高潮。出版界应在总结过往经验的基础上，更多地关注影响我国公共卫生事业发展的重大和深层次问题，提高公共卫生图书学术含量，拓宽公共卫生图书学科领域，创新公共卫生科普图书出版，为国家公共卫生体系的改革发展提供更加厚重的出版支撑。

第十一章

中国形象主题图书出版演进与发展

第一节　研究背景

如果把《妖魔化中国的背后》的出版视为当代中国国家形象研究的起点，国内学术界从事该领域的研究已经二十余年了。二十多年来，中国形象研究不仅从"小众"的学术话题发展成为诸多学科的研究热点，还实现了从"象牙塔"向"十字街头"的转身，成为颇具影响力的公共议题。然而，在充分肯定中国形象研究成绩的同时，也不应忽视其仍存在的诸多不足。十九大提出了"展现真实、立体、全面的中国"的战略目标，对中国形象研究的创新发展提出了更高的期待。图书出版是促进学术研究和传承的重要载体，自觉融合中国形象图书出版与国家形象提升战略，是出版工作走进新时代的应有之义。

广义来说，国家形象指特定国家内部和外部的社会公众对该国客观事实的主观印象和主观评价，狭义来说，国家形象则专指该国外部公众对该国的主观印象和评价。研究界论及国家形象时主要采用狭义的界说，而把国内公众对本国的印象和评价归类为"国内形象或政府形象"[①]。因此，本书所说的中国形象图书主要指的便是中国大陆出版界推出的，旨在提升国际公众中国印象的图书。

目前，国内学术界对中国形象的研究，侧重于依托报刊、影视、问卷等中介

---

① 段鹏.国家形象构建中的传播策略[M].北京:中国传媒大学出版社,2007:8.

开展外国民众中国印象的实证研究①，及构建提升中国形象的对策建议②。也有一些研究者从编辑出版学科视角介入中国形象研究，如印闯以 CNKI 期刊论文为素材，探讨了中国形象研究发展趋势③，韦路基于 SSCI 期刊论文，绘制了中国形象研究的国际知识版图④。不过，此类研究数量不多，且多以期刊论文为数据来源，为从图书出版角度探讨相关议题留下了空间。

第二节　现象成因

一、塑造中国形象是近代以来中国历史的母题

从文艺复兴时代开始，西方世界为了确证自身的主体地位，不断在历史哲学的意义上赋予中国"文明他者"的位置。如果说在近代以前，西方世界对中国形象的构建只满足了某种自我想象，那么，近代以来，西方世界对中国"文明他者"形象的重新定位，便对中国的历史施加了直接而深远的影响。王晓明指出，近代以来，西洋式"文明"观念传播的效应中"有一点非常恶劣，就是搞乱了无数挨打者的脑子：明明是力弱被欺，却渐渐忘了这一层，好像自己是因为愚昧落后不够文明，才招来了'先进'的帝国主义！"这一效应在中国同样存在，但难能可贵的是，现代早期的中国思想"执拗地记着自己被欺凌的身份"⑤，始终褒有建立新中国、新世界的冲动。表现在中国形象问题上，一方面中国人极为注重本国的域外形象，甚至将不少歪曲的形象内化为自我认识，但另一方面中国人又孜孜不倦地反抗被叙述的命运，试图以多种方式创造兼具现代风格和民族特色的国家形象。就此而言，"中国形象在整个 20 世纪中国……都具有空前的重要性"⑥，而出版界在中国形象问题上投注大量精力，推出诸多中国形象图书也就十分自然了。

---

①　徐剑，等.媒介接触下的国家形象构建［J］.新闻与传播研究，2011，18(06)：17 - 24＋108 - 109.
②　周亭.作为国家形象符号的领导人形象传播［J］.现代传播，2013，35(06)：49 - 53.
③　印闯.对国家形象研究的文献计量学分析［J］.现代传播，2016，38(12)：110 - 116.
④　韦路.全球中国形象研究的知识版图［J］.浙江大学学报，2017，47(01)：95 - 105.
⑤　王晓明.现代早期思想与中国革命［J］.文景，2013(01)：12.
⑥　王一川.中国人想象之中国［A］.东方丛刊(1997 年第 1、2 辑 总第十九、二十辑)［C］.1997：23.

二、国家形象的塑造与研究有深厚的实践学术传统

在西方世界,国家形象的塑造和研究具有深厚的实践基础和学术传统。有研究表明,第二次世界大战期间,以美国为代表的同盟国与以德国为代表的协约国之间的大战既发生在物理层面,也发生在文化层面。为了对抗德国法西斯宣传机器对美国文化和生活方式的贬低,在"图书是思想战争的武器"①理念的号召下,美国启动了规模宏大的战时图书计划,推进了美国价值观的全球传播,为美国文化霸权的建立奠定了基础。20 世纪 60 年代,冷战进入极化状态,美国政学两界一方面从理论层面提出并发展了国际形象理论,另一方面极大强化了以图书为代表的传媒出版产品的战略传播功能,在全球塑造并传播了政治自由、经济富足、文化多元的美国形象,"强化了美国身份的文化建构和外界的心理认同","推动了美国文化边疆的扩张"②。冷战结束后,针对国际权势博弈的新特点,美国学者又发展出"软实力"等理论概念,非但没有削弱,反而以新的理论框架和研究方式进一步增强了国家形象在大国竞争中的战略地位,进而激发了包括中国在内的全球国家形象研究和出版的热潮。

三、增强和提升国家形象是极为紧迫的现实任务

"国家形象对当代中国来说是最为根本的问题,假如这个问题解决好了,那么许多其他困惑和难题都可以迎刃而解。"③从 20 世纪 90 年代开始,随着中国经济的腾飞以及随之而来的国际地位的提升,中国与世界,特别是固有国际政治经济秩序主导者在经济利益、文化观念乃至政治价值观等方面的冲突也愈加凸显,西方世界出于自身利益,互相唱和、混淆视听,在国际舞台上大肆渲染各种形式的"中国威胁论",模糊了我国广泛参与国际经济政治事务的性质及初衷。为了积极应对此种不利形势,党和政府一方面构建提出和谐社会、和谐世界、科学发展观、命运共同体等理念,向世界明确阐明我国走和平发展道路的决心,一方面大力启动国际传播能力建设行动计划,力图通过体制机制、话语体系

---

① 林奇.作为武器的图书[M].北京:商务印书馆,2016.
② 印阗.对国家形象研究的文献计量学分析[J].现代传播,2016,38(12):110-116.
③ 雷默.中国形象[M].北京:社会科学文献出版社,2008:8.

等方面的全面革新,增强和提升中国形象全球传播能力。在此大背景下,国家形象、国际传播不仅成为社会各界共同关心的热点,还借此成为期刊和出版界的重要选题。

第三节　中国形象图书出版基本趋势

一、中国形象图书出版数量①呈波浪式上升态势

早在 20 世纪 90 年代中期,一些研究者已经开始从事中国形象相关研究,但这一研究领域在真正意义上获得学术上的命名,应该说主要是从 2000 年开始的。从这一时期开始,中国形象图书年度出版数量呈波浪式上升态势,出现了 4 个较为明显的阶段性高点(见图 11 - 1):第一个阶段高点出现在 2004 年,当年全国出版机构推出了 9 种中国形象主题图书,超过了 2000 年到 2003 年出版数量的总和;第二个阶段高点出现在 2006 年,全年中国形象图书出版数量激增至 15 种。除了数量上激增,值得注意的是,2004 年的 9 种中国形象图书主要由同一作者推出,而 2006 年的中国形象图书作者、出版机构、研究主题来源都十分丰富;第 3 和第 4 个高点分别出现在 2010 年和 2013 年,这两年中国形象图书年度出版数量都是 17 种。2010 年的中国形象图书数量较多,部分得益于北京奥运会及上海世博会的召开,这两大盛会不仅吸引了全球的目光,还极大激发了对中国全球形象的关注和研究。2013 年之后,随着国家各项硬实力的显著提升,从形象、话语等层面推动中国道路主体性的构建成为政学两界关注的焦点,相应地,探究中国域外形象书籍的年度出版数量虽不时有小幅回落,但整体上维持相对稳定的高位。

---

① 数据来源于国家图书馆馆藏目录,检索方式为标题含有"中国形象或国家形象",统计时间为 2018 年 4 月 30 日。

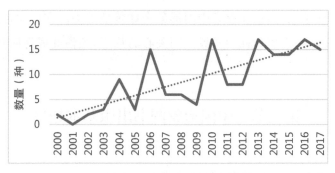

图 11‑1　中国形象图书年度分布

二、中国形象图书出版机构分布广泛但不均衡

　　图 11‑2 展现了中国形象图书出版机构的分布情况。在 2000 年到 2017 年的近二十年时间里,共有 71 家出版机构出版过中国形象主题书籍。大多数出版机构只出版过 1 种或 2 种中国形象图书。出版过 3 种及以上图书的出版机构共 17 家,共出版相关书籍 85 种,占全部图书总量 40% 以上。人民出版社、中华书局出版中国形象的图书数量最多,分别为 12 种和 10 种,紧随其后的是学苑出版社和中国传媒大学出版社,这两家机构中国形象图书的数量均为 9 种。

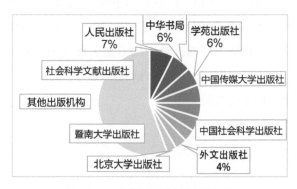

图 11‑2　中国形象图书出版机构

三、政法类图书占全部中国形象图书半壁江山

如图 11-3 所示,中国形象图书分属 12 个学科大类①,其中绝大多数是人文社会科学学科,另有 3 种图书属于自然科学书籍,如世界知识出版社 2012 年推出的《全球卫生时代中非卫生合作与国家形象》,在编目系统里被规至 R(医药、卫生)大类,高等教育出版社 2013 年推出的《国家形象:2013 年上海世博会中国国家馆展示设计札记》则被规至 T(工业技术)大类。

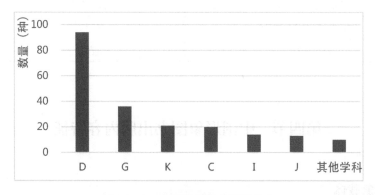

图 11-3　中国形象图书学科分布

D 类(政治、法律)中国形象图书高达 94 种,将近占全部图书总量的一半。G 类(文化、科学、教育、体育)、K 类(历史、地理)、C 类(社会科学总论)的图书数量也较多,分别为 36 种、21 种和 20 种,相应的占比分别为 17.2%、10% 和 9.6%。

从学科子类别角度看(见表 11-1),中国政治类中国形象图书数量最多,占全部图书数量的 33%,排在第二位的是信息与知识传播类图书,数量为 27 种,占比 12.9%。此外,此外,社会学类图书和中国史图书的数量也相对较多,分别为 20 种和 15 种,分别占比 9.6% 和 7.2%。

---

① 按照中图分类法统计。

表 11 - 1　中国形象图书学科子类别

学科类别	学科子类别	图书数量(种)	学科类别	学科子类别	图书数量(种)
D	D0(政治理论)	6	G	G1(文化理论)	6
	D2(中国共产党)	1		G2(信息与知识传播)	27
	D4(工农青妇)	1		G8(体育)	3
	D5(世界政治)	6	K	K3(亚洲史)	1
	D6(中国政治)	69		K2(中国史)	15
	D7(各国政治)	2		K7(美洲史)	1
	D8(外交、国际关系)	8		K81(传记)	4
	D9(法律)	1	C	C91(社会学)	20

第四节　中国形象图书出版内容特征

一、形象载体

由图 11 - 4 可知,相关图书认知和研究中国形象的载体比较丰富,涵盖了报刊、影视、文学、艺术、体育、旅游等多个渠道和门类。其中,取自报刊、文学、艺术的图书最多,占比分别为 20%、15% 和 14%。除此之外,通过分析影视作品来探讨中国形象的图书也相对较多,占比为 12%,略少于艺术类图书。进一步分析可以发现,除了依托报刊的图书在研究中国形象时会采用内容分析法等定量研究方法,排序靠前的其他几类图书对中国形象的分析大多采用逻辑演绎的定性分析法,相对而言缺少了对中国形象演变轨迹的实证分析。此外,虽然目前已有部分图书如《YouTube 上的中国形象》开始着手探讨新媒体空间上的中国形象,但此类图书数目较少,占比仅为 3%,远远少于以传统报刊为数据来源的图书。

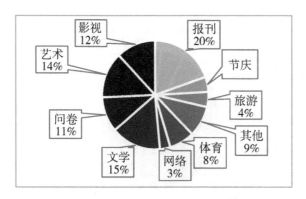

图 11－4　中国形象图书依托载体

二、目标区域

　　根据对相关图书中国形象地域来源的统计分析（见图 11－5），可以发现，目前学术界和出版界主要关注中国形象在欧美发达国家和部分亚洲邻国的传播与接受情况。具体来说，探讨欧美发达国家中国形象的图书最多，占比高达48％。紧随其后的是亚洲邻国，其中东亚国家占比 18％、东南亚国家占比11％、南亚国家占比 6％。鉴于当前世界的全球化仍主要由欧美国家所主导，在中国走向世界的背景下，学术界和出版界对欧美国家的中国观投射更多的关注，某种程度上是自然的。不过，一方面来说，以欧美为中心的世界观始终需要面对"谁"的世界的理论追问，另一方面来说，以"一带一路"为代表的国家倡议，已悄然开启我国全新的开放格局，而在新的格局中，周边国家、新兴国家和第三世界国家将扮演日趋重要的角色，因此，推动中国形象研究的目标区域从欧美小世界从全球大舞台的转变，势必将成为中国形象研究和出版的新的使命和空间。

三、图书主题

　　本书采集了全部中国形象图书的标题及内容概要，借助 Rost Content Mining 分析软件，绘制了语义网络如图 11－6 所示。结合网络图，并综合考虑中国形象图书整体情况，可以发现相关图书具有三大主题特征。

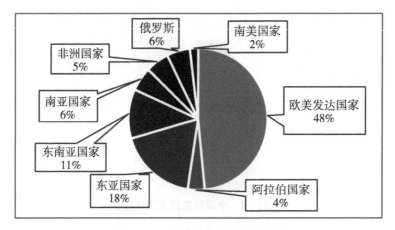

图 11 - 5　中国形象图书出版机构

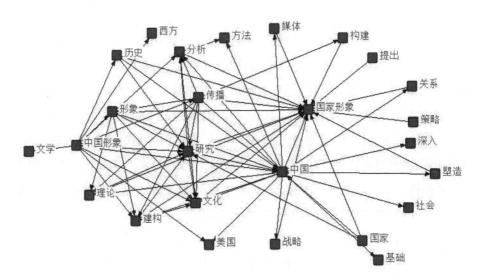

图 11 - 6　中国形象图书主题语义网络

　　其一,实践性。在中国,国家形象研究是具有高度实践性的研究领域,因而实践性也就成了中国形象主题图书的首要特征。中国形象图书的实践性特征不仅体现在选题和内容层面,如暨南大学出版社推出的《中国形象全球调查》系列丛书就通过在伦敦、多伦多等地的实证调查,详细分析了中国制造、中国产品的域外形象,同时体现在图书出版目的层面,绝大多数中国形象图书研究和出版目的都是为了通过对中国形象的实证研究,探索优化和提升中国形象的对策建议,"策略""战略""对策"等语词频繁出现在中国形象图书标题及简介中便是该特征最好的证明。

其二,丰富性。中国形象图书内容的丰富性体现在多个层面。首先,中国形象来源覆盖广泛,既关注了中国形象在欧美发达国家的传播现状,如《美国政府对中国国际形象的认知》,也关注了中国形象在南美、非洲及阿拉伯地区的接受情况,如《日本媒体上的中国》《"一带一路"与中国形象传播:以俄语地区为例》等。其次,数据材料来源广泛。中国形象图书既从传统报刊、文学创作、影视作品等经典来源采集中国形象数据,如《美国华裔英语叙事文本中的中国形象》《美国电影中的中国形象及其影响研究》,还积极关注教科书、知识分子、卫生合作等领域的中国形象,推出《现代日本知识分析眼中的中国》《全球卫生时代的中非卫生合作与国家形象》等创新书籍。再次,选题层面上,中国形象图书也具有多层次、多维度的特征,既包括历史上的中国形象,如《朝鲜使臣眼中的中国形象》,也包括当代中国形象的塑造,如《当代中国国际形象定位与传播》;既包括中国文化形象,如《中国形象的艺术呈现研究》,也包括中国企业形象,如《新传播视域下的企业文化传播和企业形象构建》等。

其三,不均衡性。虽然中国形象图书在选题、理论和方法层面呈现出一定的多样性,但同时应注意到这些多样性是不均衡的。首先,作为国家需求催生的研究领域,大多数中国形象具有十分现实的研究目的,相应地,也就缺乏了对国家形象内在机理的深度挖掘和理论探究。其次,从"媒体""文学""传播""影视"等高频主题词可以看出,目前中国形象图书探究国家形象的数据来源主要停留在大众传媒领域,忽视了人际传播语境的中国形象问题,也忽视了互联网和智能传播环境下的中国形象问题。第三,从中国形象图书主题语义网络也可看出,目前中国形象图书主要关注"文化""社会"意义上的中国形象,而对政治、经济意义上中国形象的关注相当不足。

第五节　结　语

无论对于哪个国家来说,国家形象的生成与再造都不是一个抽象的策略与方法的问题,而是一个与国家存在根基密切相关的文化政治问题。就此而言,如果不能全面理解"讲好中国故事"的内在要求,满足于"讲好"的层面,而忽视了"中国故事"的探讨,换言之,也就是忽视了"形象"背后的"政治",国家形象研究就很难成为一个真正具有生产性的学术领域。

正是在某种紧迫现实的政治催动下,承接清末民初以来中国思想"感时忧国"的基调,在近二十年的时间里,中国形象图书出版推陈出新,为我国全球形象的优化和提升提供了有力的智力和出版支撑。但也正如本书所呈现的,面对新时代国家形象战略的崭新要求,中国形象出版呈现出应用研究多于理论研究、定性研究多于定量研究、对欧美国家的研究多于对新兴国家和第三世界国家中国形象研究、对中国文化全球形象的研究多于中国政治和中国经济全球形象研究等不足。这些不足,既是中国形象图书出版走进新时代的挑战,也是中国形象图书出版走进新时代的机遇。

附　录

附录一
全球媒介对中非合作形象的建构与传播

第一节 研究背景

中非友好合作具有深厚的历史根源和稳固的现实基础。从历史上看,在现代世界体系形成时期,中国和非洲长期遭受帝国主义、殖民主义的剥削和侵略,有患难与共、互相取暖,共同维护民族独立和国家尊严的迫切需求,正如毛泽东同志多次指出的,中非"是朋友","是站在一条战线上的"①,中非合作从一开始就是平等而互惠的。从现实来看,中非经贸合作具有高度的互补性,加快彼此发展战略的对接,促进双方优势资源的有效流通,为中非乃至世界的发展注入新的动能,是中非双方共同的追求。

中非合作论坛成立以来,中非贸易额从 100 多亿美元增至 1 700 亿美元,中国对非投资增长了 100 多倍。在中非合作论坛等机制的推动下,中非在教育、就业、脱贫和人文等领域的合作交流日益密切,仅中非合作论坛约翰内斯堡峰会以来,中方就向非洲提供了 20 多万名技术人员、4 万个来华培训名额和 3 万个政府奖学金名额。可以说,中非合作论坛已经成为中非开展集体对话、推动务实合作的重要平台和引领国际对非合作、南南合作的一面旗帜。

与此同时,国际舆论界抹黑中非合作、唱衰中非关系的负面舆情也不绝于耳。2014 年,美国学者霍华德·弗伦奇出版的著作《中国的第二大陆》在肯定中国资金和移民有效刺激非洲经济发展的同时,大肆批评中国企业"没有在非洲创造有助于本土企业发展的文化",而这"与殖民主义遗留的问题一脉相承,

---

① 张颖,潘敬国.中非"命运共同体"的历史传承与现实涵义[J].现代国际关系,2017(07):39-45.

丝毫体现不出中国宣称的'双赢'思维"①。即便是一些非洲国家自己的媒体、智库,也不时对中非合作的性质与前景发出一些质疑的声音,如南非智库撰写的研究报告《国有跨国公司与跨国治理:中国在非洲的投资、企业社会责任与可持续准则》对中非合作项目对当地环境和社会的负面影响提出了批评。国际舆情是社会形势和国际合作的晴雨表,科学研判中非合作国际舆情的演进态势和关键特征,适时构建切实可行的应对举措,对营造有利于中非合作深度发展的国际舆论环境、提升中国声音的国际传播能力,有重要的意义。

第二节　研究发现

一、中非合作国际舆情演进态势

（一）中非合作的国际关注度波浪式上升

如附图 1-1 所示,在过去二十年间,中非合作的国际关注度总体呈波浪式上升态势。早在 20 世纪 90 年代,我国已把中非经贸合作确定为国家对外经贸的战略重点之一,并在 2000 年和非洲国家一起推动成立了机制化的"中非合作论坛",但在 1999 年到 2011 年的十多年时间里,国际社会对中非合作的关注程度虽时有起伏,但总体上是比较低的。2011 年以来,一方面由于中非合作范围的扩大、领域的扩展,另一方面也由于中国综合实力的显著提升,国际社会对中非合作的关注程度不断攀升,并在 2012 年(848 篇)、2015 年(2 300 篇)和 2018 年(5 020 篇)形成 3 个较为明显的阶段性高点。

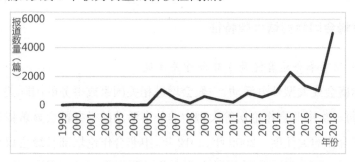

附图 1-1　中非合作论坛国际媒体报道数量(1999—2018)

---

① 李智彪.海外中非经贸关系舆情热点解析[J].西亚非洲,2015(06):87-107.

（二）中非互助及贸易关系最受国际关注

国际媒体中非合作报道角度众多，广泛涉及国际关系、区域政策、可持续发展、交通运输、自然环境等多个方面。不过，除了以外交关系、国内政治等为主题的新闻，绝大多数新闻都与中非互助及贸易关系有关。长久以来，中非在贫困、医疗、环境及可持续发展等领域合作众多，相应地，国际新闻界也对中非在"城乡规划"（345 篇）、"贫困"（179 篇）、"发展援助"（175 篇）、"传染病"（168 篇）、"教育"（150 篇）等领域合作的报道上投入了较多的精力。此外，随着中非贸易额的提升，中非贸易关系及其经济、环境影响也吸引了众多国际媒体的关注，可持续发展（569 篇）、"实物贸易"（432 篇）、"经济增长/衰退"（203 篇）、"自然环境"（188 篇）等主题的新闻也在中非合作相关报道中占据较显著的位置。

（三）中国媒体报道占国际报道半壁江山

从资讯来源看，中国媒体是中非合作国际新闻报道的主要来源。在报道量排名前 10 的媒体中，中国媒体就占据了 6 席，其中新华社（Xinhua News Agency）和中国日报（China Daily）的报道量最大，分别为 2 220 篇和 1 094 篇，分别占非洲媒体报道总量的 57.1%和 28.2%。除了中国媒体，西方主流大报或通讯社也较为关注中非合作议题，但除了 BBC 的报道数量为 984 篇，与中国日报相仿，其他大报的报道数量最多不过百余篇，整体关注程度不算高。而若从中非新闻报道作者所属新闻机构的情况看，中国媒体的优势则更为明显。报道数量排位前 10 的记者中只有 1 位不是供职于中国媒体及其海外分支，排位前 20 的记者也仅有 6 位供职于非中国媒体。

二、北京峰会国际舆情框架特征

（一）北京峰会显著提升中非合作关注度

国际盛会或大型外事活动，一般会增进相关国家或事务的国际关注度。历史地看，每一次中非合作论坛等大型中非外事活动的举办都会显著提升国际社会对中非合作的关注度。2009 年、2012 年，中非合作论坛部长级会议分别在埃及、中国举行，这两年国际媒体对中非合作的报道数量也分别达到两个高点。2015 年，由于中非合作论坛约翰内斯堡峰会暨第六届部长级论坛的召开，国际媒体有关中非合作的报道更是达到 2 300 条，几乎是 2014 年报道数量的 2.5

倍。2018 年,由于北京峰会的举办,截至当年 9 月 10 日,全球媒体对中非合作的报道就已经达到创纪录的 5 020 条,比 2013 年至 2017 年报道总量还多 200 余条。

（二）政府债务和环境保护成为重要主题

和 1999 年至 2018 年这一较长时间段的国际新闻报道比,国际媒体对中非合作的关注点既有一定的延续,如城乡规划（317 篇）、可持续发展（217 篇）等主题的报道数量仍位居全部报道前列,也悄然发生了颇有意味的位移,如在长时间段视野中隐而不彰的"政府债务"（112 篇）主题不仅出现在了短时段主题排行榜上,其数量还明显超过"实物贸易"（72 篇）这个传统议题。中非合作论坛北京峰会召开前夕,一些西方国家加大了对中非合作的抨击力度,而所谓的债务问题便是一个重要的攻击点,如美国《时代》周刊不仅刊文抨击中国援非资金加重了非洲的债务压力,还宣称中国对非开展的"债务外交"侵蚀了美国在非洲的商业利益。与此同时,中国有关方面也针对外媒的报道作了一些回应,如中国政府非洲事务特别代表许镜湖在媒体吹风会上指出,中国对非洲的资金援助立足于增强非洲的造血功能,做了财政、债务方面充分的论证,不会如部分外媒所说增加非洲的负担。由于这两个方面的原因,近来国际新闻界有关"政府债务"的报道相对较多。此外,由于基建及能源领域是中非合作的重点,一些西方媒体也热衷于从抽象的"环保"角度对中非基建项目提出批评,如英国《卫报》引用环保组织的报告,污蔑中国在非洲大量投资石化能源和基建工程项目,从而给非洲的环境和气候带来沉重的压力,故而"自然环境"（52 篇）也构成全球媒体关注的焦点。

（三）基础设施建设行业占据行业框架主体

由附表 1-1 可知,基础设施建设类行业是全球媒体报道中非合作论坛北京峰会时提及最多的行业,广泛涉及铁路、管道、机场、公路、海港等多个建设领域。也有一些外媒肆意抹黑中非基建合作项目,如法国《世界报》就煞有其事地刊文,造谣称中国利用援建的非盟总部大楼进行窃听等间谍行为。此外,与能源合作、金融合作有关的行业也占据了较为显著的位置。正如中国的一句老话所说,"要致富、先修路",基础设施建设是增强非洲经济"造血"能力,促进非洲实现工业化转型的前提和基础。然而,由于基础设施建设投资大、周期长、收效慢,西方国家一般不愿意在非洲基础设施建设上投入过多的精力。与之相对,仅中国铁建股份有限公司当前在非洲的建设项目合同额就高达 670 亿美元,累计修建铁路 11 000 公里,公路达 4 800 公里。

附表 1-1　中非论坛北京峰会报道提及较多的行业(2018.8.20—2018.9.10)

序号	行业	报道数量(篇)
1	铁路建造	43
2	管道铺设	22
3	管道运输	15
4	开发银行	13
5	上游原油/天然气产业	12
6	机场建造	11
7	海港建造、高速公路/街道建造	10
8	石油炼制、电信服务、商业/消费者服务、银行业/信贷业	6

(四)美国是中非合作国际舆情重要他者

从中非合作报道地区框架看,除了中国和非洲国家外,相关报道提及次数排位前二十的国际只有美国和英国,而提及美国的次数又高达 90 次,几乎是提及英国次数的两倍,这提示出中非关系中"美国因素"这个变量的存在。虽然从整体来看,非洲不是美国的国际战略的重心,但随着中、美对非合作的"此长彼消",以及中国发展道路在非洲话语权和影响力的不断提升,美国政学两届明显提升了对非洲事务的关注力度,可以说,如何有效应对以美国为代表的西方国家对中非合作的战略打压和舆论攻击,是做好新时代对非传播的关键所在。

第三节　结论与建议

一、主动发声,加强中非合作的释疑解惑

虽然十八大以来,中国声音的国际传播能力显著提升,但面对某些西方国

家的舆论"抹黑",我国的反应仍不够及时,对负面舆情的预测和研判能力也有不足,以致某些不实之词已成燎原之势,我国才匆匆忙忙开始"辩诬"。事实上,包括非洲国家在内的世界各国对中国发生的事情有很大的兴趣,只不过受制于陈旧的经验和知识结构,无法正确地理解。鉴于此,我国应认真梳理促成中非合作不断深入发展的关键环节、重要措施和成功经验,系统整理国际社会对中非合作的疑虑、误解乃至抨击,主动阐发、释疑和回应,提升在国际舆论场中的主动性。此次中非合作论坛前夕,中国人民大学重阳金融研究院执行院长王文在《Global Times》和《参考消息》同步刊发《关于中非关系的十大误解》,结合自身经验和研究,梳理回应了关于中非关系的常见误解,为国际社会正确认识中非关系起到了促进作用。

二、求其友声,借助外力提升传播公信力

虽然中国媒体关于中非合作的报道在数量上领先全球,但其中绝大部分都是事务性的报道,影响力不大。一些新闻报道虽然对中非合作的深层次的互惠性做了一些解释,但由于信源的问题,难以完全取信国际受众。但事实上,有不少在非洲报道、非洲研究领域有崇高声望的国际人士,出于正义、良知或严谨的治学态度,愿意正面看待中非合作的实际和贡献,并借助各种媒介渠道将自身的观点传播出去,如国际知名学者约翰·惠普金斯大学布罗蒂加姆教授从事中非关系研究长达三十余年,出版过《龙的礼物——中国在非洲的真实故事》《中国援助与非洲发展:输出绿色革命》等有影响力的专著,对中非合作的互补性、互惠性有高度的评价,如果我国能在涉非传播中更多地引用这些观点,甚至创造机会,让这些人士"为我发声",对提高我国涉非传播的公信力将大有助益。

三、别求新声,自主构建中非合作新闻议程

我国新闻媒体素有配合党和国家的重大事件和战略需要,做好对内、对外主题宣传工作的优良传统。事实证明,利用中非合作论坛等重大中非外事活动的宝贵契机,我国新闻媒体,特别是外宣媒体集中而持续的报道,增强了国际社会对我国对非合作主张的认识。然而,与一些西方媒体娴熟地使用"债务陷阱""新殖民主义""环境灾难"等议程抹黑中非友好合作比,我国媒体容易拘泥于细

节的辩白,在报道议程的高度上进行对话的自觉性有所不足。事实上,中非具有遭受进而反抗帝国主义侵略的共同经历,也有谋求自主、独立发展的共同追求,正如学者对非洲现代文学性质的归纳"非洲现代文学是天然的左翼文学"[①]那样,非洲国家的现代发展道路在本质也是革命的,是社会主义的,也因此与中国及全球第三世界国家的发展道路更具亲缘性,如果能紧紧抓住这个中非之间最大的共同点,我国向国际社会讲述中非合作故事就有了基本的逻辑和线索,以及具有感召力的别样议程和框架。

四、绘影绘声,全面提升涉非外宣形式融合性

随着社会化多媒体平台、智能终端设备的普及,各种视听制作及传播技术的发展,融合文字、图像、音乐、视频等多种元素和故事、游戏、互动等多种功能的融媒体产品在对外传播的地位愈加凸显,如中国国际广播电台近年来打造的西班牙语系列微视频《中国音乐舞蹈之旅》,结合风趣、活动又不失典雅的形式,向西班牙语受众讲述了中国音乐舞蹈文化的独特媒体,而其专为金砖峰会、中阿合作论坛等大型外事活动制作的系列微视频《大猫的奇幻之旅》《大猫的金砖之旅》也既科学又有趣地阐述了金砖合作、中阿合作的实际成效[②]。在2018年中非合作论坛前后,虽然央视专门制作播放了《中非合作新时代》专题片,《人民画报》发布了非洲人在中国的故事《我在中国》短视频,但总体而言,爆款的涉非传播融媒体产品十分鲜见。如果能根据中非合作在不同非洲国家的落实情况,发掘中非合作对非洲和中国普通人生活的正面影响,并综合考虑国际社会对中非合作的关注点,推出一系列拥有多模态媒介产品,将为我国涉非传播能力的提升打开新的渠道和空间。

---

① 蒋晖.论非洲现代文学是天然的左翼文学[J].文艺理论与批评,2016(02):20-26.
② 张晓羽.CRI多语种微视频国际传播分析[J].国际传播,2018(04):73-78.

附录二

全球媒介对孔子学院形象的建构与传播

第一节　研究背景与研究方法

从 2004 年首家孔子学院挂牌成立以来,截至 2017 年年底,国家汉办已在全球建立了 525 所孔子学院和 1 113 个孔子课堂。作为在国际舞台上推广汉语、传播中国文化的重要机构,孔子学院的快速发展丰富了"向世界展现真实、立体、全面的中国"的探索与实践。然而,随着规模的扩大,国际舆论对孔子学院的批评和质疑也时有发生。2017 年 12 月召开的第二届孔子学院大会把"为构建人类命运共同体贡献力量"明确为孔子学院第二个十年的发展目标,也由此提出了进一步增强孔子学院全球传播效果,促进中国文化与各种在地文化融合发展的需求。在此背景下,本书试图依托道琼斯 Factiva 数据库收录的全球 36 000 余家多语种媒体对孔子学院、歌德学院等语言文化推广机构相关报道的比较研究,实证分析孔子学院文化传播的效果,构建增强孔子学院全球传播影响力的对策建议。

第二节　研究发现

一、孔子学院全球媒体影响力整体态势

（一）孔子学院全球媒体影响力整体上升

自 2004 年挂牌成立以来,整体而言,全球媒体对孔子学院的关注度不断攀

升。2004 年,全球媒体孔子学院报道数量仅为 12 条,而在刚刚过去的 2018 年,报道数量已达 1 836 条,是 2004 年报道数量的 153 倍。具体来看,2004 年至 2011 年间,全球媒体孔子学院报道数量增长速度较快,年均增长率达 14.13%。2011 年以后,孔子学院年度报道数量增幅趋于放缓,在少数年份还较前一年有所下滑,但近两年的增长速度又有明显加快的迹象。

(二)孔子学院全球媒体影响力提升空间较大

虽然在过去十多年间,全球媒体对孔子学院的关注度不断攀升,但与其他语言文化推广机构比,其全球影响力仍有较大的提升空间。由附图 2-1 可知,在孔子学院、法语联盟等 4 家机构中,孔子学院的全球媒体关注度高于塞万提斯学院,但要低于法语联盟和歌德学院。在 2009 年至 2011 年、2014 年至 2015 年间,全球媒体孔子学院报道数量一度与法语联盟报道数量持平或接近,但在随后几年,差距又有所扩大。而与歌德学院相比,孔子学院的差距则十分明显,且在短时期内,难有接近的可能。

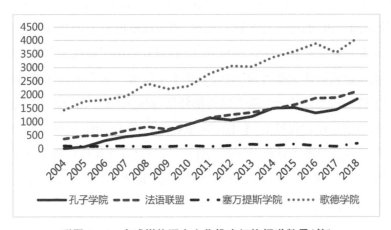

附图 2-1 全球媒体语言文化推广机构报道数量(篇)

(三)孔子学院报道主体国际化特征明显

在法语联盟、塞万提斯和歌德学院的例子中,法国、西班牙和德国本国媒体是各自国家语言文化推广机构报道的绝对主力,相对而言,孔子学院报道主体的国际化程度则要高一些。由附表 2-1 可知,虽然新华社、《中国日报》两家中国主流媒体有关孔子学院的报道领先于全球其他新闻机构,但在报道孔子学院最多的 10 家新闻机构中,有 8 家是国外新闻机构,而在这 8 家机构中,又有 6 家是美国和英国的媒体。造成这一现象的原因是多方面的,但其中不容忽视的一点是,在全球媒体特别是英美媒体看来,和西方国家的语言文化推广机构比,孔子学院似乎天然地带有某种政治的色彩,因此,即便是一些正常的教学或文化活动,也经常受到他们带有意识形态色彩的刁难。

附表 2-1 报道孔子学院最多的新闻机构

序号	新闻机构	报道篇数(篇)	序号	新闻机构	报道篇数(篇)
1	Xinhua News Agency (China)	1495	6	U-Wire (University Wire) (U.S.)	326
2	China Daily—All sources	1364	7	All Africa—All sources	317
3	US Fed News	558	8	BBC—All sources	272
4	Targeted News Service (U.S.)	435	9	The Associated Press—All sources	148
5	ForeignAffairs.co.nz	380	10	The Times-Picayune (New Orleans)	117

二、孔子学院全球媒体报道议程与框架

(一)孔子学院全球媒体报道主题

"在语言推广和文化推介方面",孔子学院和法语联盟等机构的职能"几乎是一样的"[①],它们都以语言文化推广为主业,并通过举办讲座、展览、演艺等活动,传播、交流文化。然而,如果说全球媒体对歌德学院等 3 家外国机构的报道是较为均衡的,且较多展现了它们在文化交流方面的工作,那么其对孔子学院的报道则具有更强的政治性(见附表 2-2)。首先,虽然"音乐""节庆""艺术"等主题也出现在了全球媒体孔子学院报道主题分布表上,但不仅排位靠后,而

---

① 莫嘉琳.孔子学院与世界主要语言文化推广机构的比较研究[J].云南师范大学学报(对外汉语教学与研究版),2009,7(05):21-27.

且数量也不多。其次,虽然法语联盟等也会依托各国高校成立语言推广机构,但只有在孔子学院的例子中,"大学/学院""教育""学校"等新闻主题,换言之,孔子学院与合作高校的关系问题,才会成为全球媒体关注的重心。一些外媒的报道虽然打着所谓维护"学术自由"的旗号,但其看待孔子学院的眼光,显然是政治性的。

附表 2-2　全球媒体语言文化推广机构报道主题分布

序号	孔子学院	歌德学院	法语联盟	塞万提斯学院
1	大学/学院	文艺/娱乐	文艺/娱乐	外交关系
2	教育	政治/综合新闻	政治/综合新闻	文艺/娱乐
3	外交关系	艺术	音乐	艺术
4	学校	电影	艺术	新闻发布
5	国内政治	音乐	电影	电影
6	政治/综合新闻	书籍	书籍	书籍
7	新闻发布	剧场	教育	艺术评介
8	音乐	教育	剧场	当代艺术
9	节庆	国内政治	生活品位	国内政治
10	艺术	节庆	国内政治	政治/综合新闻

（二）孔子学院全球媒体报道提及较多的机构

一段时期以来,美国政学两届不断传出抨击和诋毁孔子学院的言论,如美国全国学者协会主席雷切尔·彼得森(Rachelle Peterson)刊文声称孔子学院是中国的海外情报站,美国联邦调查局也表示要对与孔子学院有关的事务进行调查。相应的,美国的一些有识之士,如北佛罗里达大学学校约翰·德兰尼(John Delaney)和中国外交部等有关方面,也对这些言论和行为进行了驳斥,表明孔子学院与美国大学的合作完全是双方平等协商的结果,不带有任何政治色彩。在这些因素的共同作用下,美国高校和政府机构成为孔子学院报道最常提及的机构(见附表 2-3)。目前,亚洲有孔子学院 126 所,非洲有 59 所,而美洲的孔子学院数量仅有 24 所,但仅有巴基斯坦和加纳两个亚非国家的高校排在机构排行榜前列,这提示出亚洲、非洲孔子学院全球传播能力的短板。

附表 2－3　孔子学院报道提及最多的机构

序号	机构名称	所在国家	序号	机构名称	所在国家
1	教育部	中国	6	University of Ghana	加纳
2	University of Karachi	巴基斯坦	7	北京大学	中国
3	University of Ulster	英国	8	University of South Florida	美国
4	Western Kentucky University	美国	9	Federal Bureau of Investigation	美国
5	University of Aberdeen	英国	10	Valparaiso University	美国

（三）孔子学院全球媒体报道提及较多的行业

在全球媒体有关歌德学院等国外语言推广机构的报道中,最常提及的行业一般是具有鲜明现代气息、城市色彩的文化创意行业,比如"电影制作""影音制作""剧院/娱乐场所""表演艺术公司""艺术品交易"等,这些行业与现代人热衷的文化、休闲活动密切相关。然而,在孔子学院的例子中,排在行业框架表前列的则是"语言学校""传统中药""工业产品""商业学校"等,"剧院/娱乐场所""表演艺术公司""媒体/娱乐"仅排在机构排行榜的第 8～10 位,且报道数量也不多。这说明,孔子学院的形象更多地与"传统""工业""商业"联系在一起,缺少足够的现代气息和文化魅力。

（四）孔子学院全球媒体报道提及较多的地区

在全球媒体孔子学院报道提及较多的 10 个国家或地区中,除了中国、巴基斯坦和非洲外,其他都是美国、英国、澳大利亚等西方发达国家。这种情况说明,在当今全球新闻传播秩序中,西方国家依然占据着主导地位,以至于虽然我国在西方国家成立的孔子学院绝对数量较少,但引发的全球关注却比较多。不过,与我国在欧美国家创办的孔子学院较难融入当地社会,容易成为负面新闻不同,亚洲和非洲的孔子学院一般在当地的声誉较好,因此,亚洲和非洲主导地位的"缺席",在一定程度上,也弱化了孔子学院在国际舞台上讲好中国故事的功能。

第三节 结论与建议

一、新契机：融入"一带一路"

作为处理当代国际关系的"中国方案"，"一带一路"是对近代以来以欧美为中心的世界观的逆转，在历史哲学的意义上重新确认了欧亚大陆和全球南方的意义，也提示出"把国际传播的重点转向关注'西方路灯光影以外的世界'"[①]的国际传播能力建设新思路。事实上，正如上文指出的，从绝对数量上说，我国与亚洲、非洲国家共建的孔子学院数量远远超过我国与欧美国家共建的孔子学院，如果能充分发挥这一布局优势，为亚、非国家孔子学院参与当地及国际文化交流活动创造更多的条件，不仅将有助于提升孔子学院全球传播效果、增强"一带一路"倡议的民众基础，还将为加强和提升国家对外传播能力建设开辟新的渠道和空间。

二、新理念：凸显民间身份

澳大利亚中国研究者卓斯林在一篇有关孔子学院的论文中写道："孔子学院项目已经不单单涉及文化领域，也不仅仅是单纯的学术研究，它的根基在于需要中国政府。往好里说，这会导致学术的失语；往坏处说，这可能会衍生成为一种宣传手段。"[②]虽然卓斯林对孔子学院的批评并不公允，但他的评价至少透露出，孔子学院的"官方"色彩是影响一部分外国人接受孔子学院的重要因素。事实上，虽然歌德学院、法语联盟等机构的全球活动，依然直接服从于所在国家文化外交的整体目标，并得到各国政府的财政资助，但它们在具体运作中，却极力凸显自己的民间身份。这一身份使得它们能因地制宜地发展与"不同伙伴的最佳沟通和合作方式"，"这种文化交流中的灵活、创新和多样性是单纯依靠政府外事部门一己之力很难加以实现的。"[③]在这个意义上，国家有关部门不仅应

---

① 史安斌.讲好中国故事 传播好中国声音[J].教育传媒研究,2016(05):20-23.

② 雷启立,常冬.跨文化传播的困境与可能——以孔子学院在全球的发展为例[J].杭州师范大学学报(社会科学版),2009,31(04):63-67.

③ 唐虹.非政府组织和对外文化交流——以英国、法国和德国的经验为例[J].欧洲研究,2009,27(02):51-60+160.

允许更多的社会力量、民间力量参与孔子学院建设,也应在可能范围内,保障孔子学院独立探索、实践的空间,使得孔子学院能在"民间"与"民间"的互动中消解某些国际舆论的疑虑,摸索出行之有效的文化传播方式。

三、新内容:强化当代特色

当前,传播中国传统思想和文化、开展各类民俗文化活动,是孔子学院文化传播工作的重心。这虽然说不上错,但也不利于国际民众对当代中国的认识。就此而言,孔子学院应在文化传播的过程中强化自身的当代特色。首先,优化课程内容和教学体系,在传授中国传统文化的同时,加大当代中国经验、特色和价值观的授课比重;其次,在孔子学院志愿者岗前培训中,增加中国国情教育培训环节,提升志愿者讲好当代中国故事的能力;最后,借助数字创意产业迅猛发展的全球趋势,参与并鼓励与孔子学院有关的创意产品的研发和生产,利用文化产品的力量,树立孔子学院的当代形象。

四、新渠道:利用社交媒体

"国家文化的影响力,不仅取决于独特魅力的文化内容,也取决于先进的传播手段和强大的传播能力。"[1]虽然传统媒体仍是全球信息流动的主要通道,但社会化、智能化媒体的发展,已极大冲击了传统媒体一枝独大的格局,"移动化、社交化、智能化不仅成为传统媒体转型的三条主要路径"[2],也成为有关国家、机构或个人激发受众关注、增强传播影响的必然选择。当前,不少国家的在华外交、文化机构,都开通了微博、微信账号,并利用其开展面向民众的公共外交。然而,截至目前,孔子学院的传播渠道仍以网站为主,少数社交媒体账号也没有得到很好的运营,影响了孔子学院文化传播的实际效果。有鉴于此,孔子学院应高度重视社交媒体的运用与管理,积极在所在国热门的社交网络开通账号,把生动活泼、形式多样的传播内容直接传播到各国民众那里去。

---

[1]　陈文胜,孙壮珍.论社交媒体时代中国文化软实力的对外传播[J].天津行政学院学报,2018,20(01):36-42.

[2]　彭兰.移动化、社交化、智能化:传统媒体转型的三大路径[J].新闻界,2018(01):35-41.

附录三

全球媒介对中国军队形象的建构与传播

第一节 研究背景与研究方法

党的十九大报告指出,在中国特色社会主义建设进入新时代的关键历史时期,我们应"推进国际传播能力建设,讲好中国故事,展现真实、立体、全面的中国,提高国际文化软实力"①。军队形象是国家形象的重要构成。根据研究者对英国 BBC、美国皮尤调查公司、中国外文局发布的多个全球及中国国家形象调研报告的分析,由于国家形象战略的实施,中国经济、科技形象的国际认可度稳步提升,但在军事与外交领域,"中国威胁论仍大有市场","世界主要国家对中国更有力的军事力量持更负面的观点和警惕的态度"②。尽管国际舆论场上有关中国军队形象的负面评价多有不实之词,但客观分析中国军队形象国际传播的特征,仍是加强和提升中国军队国际形象的前提和基础。

本书的研究数据主要来自国际知名新闻信息提供商——道琼斯通讯社研发的 Factiva 全球新闻资讯库。依托道琼斯强大的资讯整合能力,Factiva 覆盖全球 120 多个国家和地区以近 30 种语言出版的 10 000 多种信息资源,是相关研究机构、政府及企业研究国际经济、国际政治、国际舆论的重要资讯集成平台。

以"Chinese military"为检索词,本书通过 Factiva 数据库检索获得了 2014—2018 年间全球媒体有关中国军队的全部报道数据(检索日期为 2019 年

① 冯俊腾.如何理解"推进国际传播能力建设"[N].解放军报,2017 - 11 - 27(007).
② 钟新,潘亚楠.中国国家形象十年回顾:基于多家权威调查的分析[J].新闻传播,2018(02):9 - 12.

2 月 15 日)。与此同时,为了在国际比较中更好地呈现中国军队形象的传播特征,本书还分别以"Russian military""American military""NATO military""Indian military"为检索词,分别检索获得了俄罗斯军队、美国军队、欧盟军队及印度军队在同一时间阶段的全球媒体报道数据。

此外,正如一些研究表明的,随着大数据及情感分析技术的发展,研究者可以对全球媒体海量报道的情感和态度进行整体性的分析[①]。譬如,由 Google Ideas 提供支持的 GDELT 是当今世界规模最大的开放式数据库,不仅可以提供几乎全球所有国家的新闻资讯数据,还可以实现有关某一特定地区、事件的情感色彩时序分析。有鉴于此,本书也以"*Chinese military*"为关键词,在该平台上检索获得了 2017—2018 年全球非中文媒体有关中国军队报道的情感色彩时间线,借此对中国军队国际舆论形象的情感特征进行分析。

分析的结构如下:首先,本书将整体性描绘出中国军队形象国际传播的整体态势和情感特征;紧接着,本书将依据全球媒体报道中国军队时,最常提及的行业、机构、人物等,从内容的层面对中国军队的国际舆论形象进行进一步的评估;最后,本书还将在前述分析的基础上,结合学术界在国际传播能力建设研究方面的成果,构建提升中国军队形象国际传播能力的对策建议。

第二节　研究发现

一、中国军队国际舆论形象整体态势

(一) 中国军队形象全球关注度整体稳定、相对较低

如附图 3-1,整体而言,中国军队形象的全球关注度比较稳定,波动不大。在 2014 年至 2018 年间,全球媒体关于中国军队的年均报道量约为 65 000 篇,其中 2016 年的报道数量最少,为 57 000 余篇,2017 年的报道数量最多,超过了75 000 篇。2018 年,中国军队形象的全球报道数量为 67 000 余篇,低于 2017年的报道数量,但高于 2014 年以来的其他年份。

[①] 吴瑛,郭可,陈沛芹,吴秀娟.全球媒体对上海国际大都市的形象建构研究[J].国际展望,2016,8(04):1-23+152.

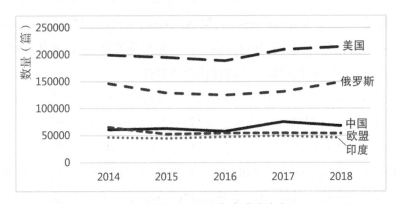

附图 3-1   主要国家/地区军队形象全球关注度(2014—2018)

与世界主要国家/地区比,中国军队形象的全球关注度并不突出。2016 年以来,全球媒体对中国军队的年度报道数量稳步超越了欧盟和印度,但差距并不明显。不过,与美国和俄罗斯比,中国军队形象的全球传播力则有显著的差距。从附图 3-1 可以看出,全球媒体对美国军队和俄罗斯军队的报道数量遥遥领先于世界其他国家和地区。在 2014 年至 2018 年的五年间,美国军队的全球媒体年均报道数量超过了 20 万条,俄罗斯军队的年均报道数量也超过了137 000 余条,分别是中国军队年均报道数量的 3 倍和 2 倍,这在很大程度上也体现了中国与美国、俄罗斯在全球军事和安全事务参与及投入的差距。

(二)周边事务是影响我军全球关注度的关键因素

全球媒体在报道中国军队时,除了不可避免地提及中国之外,还一直都将其与邻国关系紧密联系在一起。在 2013—2016 年间,全球媒体在报道中国军队时,经常提及"韩国""朝鲜""菲律宾"等国家,这显然与当时国际舆论界广泛关注的"朝鲜半岛问题"与"南海问题"密切相关。如附表 3-1 所示,在 2017—2018 年间,随着"南海问题"的降温,菲律宾不再是相关报道主要提及的国家或地区,但朝鲜、韩国等国家或地区依然占据排行榜重要位置,这表明,"半岛事务"仍是影响中国军队国际舆论关注度的显著因素。

附表 3-1　全球媒体报道中国军队时主要提及的地名(2017—2018)

序号	地名	报道数量(篇)
1	中国	79 784
2	美国	67 447
3	朝鲜	23 651
4	北京	17 428
5	韩国	15 217
6	印度	14 746
7	俄罗斯	13 429
8	平壤	11 665
9	日本	9 090
10	华盛顿 哥伦比亚特区	8 947

（三）英美国家传媒机构是中国军队形象的主要信源

从附表 3-2 可知,从消息来源看,西方媒体对于我军的国际舆论形象的塑造具有较强影响力。在报道数量最多的 10 家传媒机构中,来自欧美发达国家的传媒机构有 6 家,其中美国有线电视新闻网(CNN)的报道数量达 5 078 条,居于首位。在中国的国际媒体中,《南华早报》(South China Morning Post)、《中国日报》(China Daily)以及新华通讯社(Xinhua News Agency)分别以 4 437 篇、3 855 篇和 1 956 篇的报道数量位列排行榜第 2、4 和 10 位。此外,俄国卫星通讯社(Sputnik News Service (Russia))也较为关注与中国军队有关的事务。

附表 3-2　中国军队形象主要信源(2017—2018)

序号	传媒机构	报道数量(篇)	序号	记者姓名	供职机构	报道数量(篇)
1	CNN—All sources	5 078	1	Ben Blanchard	Channel NewsAsia (Singapore)	790

（续表）

序号	传媒机构	报道数量（篇）	序号	记者姓名	供职机构	报道数量（篇）
2	South China Morning Post—All sources	4 437	2	Zhao Lei	China Daily	394
3	Reuters—All sources	4 227	3	Sutirtho Patranobis	Hindustan Times (India)	354
4	China Daily—All sources	3 855	4	Ben Westcott	CNN Wire	349
5	Dow Jones Newswires —All sources	3 377	5	Saibal Dasgupta	The Times of India	322
6	Sputnik News Service (Russia)	3 309	6	Christopher Bodeen	Associated Press Newswires	322
7	The New York Times —All sources	2 769	7	Oren Dorell	USA Today Online	299
8	The Times (U.K.) —All sources	2 081	8	Matt Rivers	CNN Wire	295
9	ForeignAffairs.co.nz	1 994	9	Minnie Chan	scmp.com (Hong Kong)	292
10	Xinhua News Agency (China)	1 956	10	Barbara Starr	CNN Wire	284

除了传媒机构，记者也是国际新闻信息流通的"把关人"。由附表 3 - 2 可以发现，虽然西方传媒机构有关中国军队的报道总量较多，但这一定程度上仅体现出其在信息渠道方面的优势，而如果从单个记者层面看，报道中国军队较多的则往往是供职于东南亚、南亚地区传媒机构的记者。譬如，在报道中国军队数量最多的 10 位记者中，新加坡亚洲新闻台（Channel NewsAsia）的记者 Ben Blanchard 以 1 153 篇稿件量远远超过其他相关记者。一般而言，东南亚、南亚地区的报刊和记者较为关心亚洲区域内部的事务，因此，区域内记者报道中国军队较多，也体现了中国军队形象舆论呈现与区域国际关系较为紧密的联系。

二、中国军队国际舆论形象报道框架

（一）中国军队国际舆论形象报道的行业框架

由附图 3‑2 可知，全球媒体在报道中国军队时主要涉及的行业可分为三类。

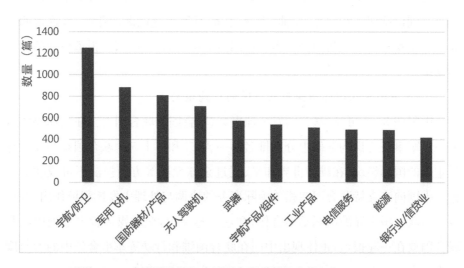

附图 3‑2　中国军队国际舆论形象报道的行业框架(2017—2018)

一是与军事力量直接相关的行业，如"宇航/防卫""军用飞机""无人驾驶机""国防器材/产品"等。与此类行业有关的新闻，一般是对中国军队及国防力量的直接报道，并且经常充斥着某种"中国威胁论"的论调。譬如，2017 年 7 月 28 日，美国《新闻周刊》网站就刊文声称，我国当时在南中国海深处布放的 12 台"海翼"高技术滑翔机破坏地区军事平衡，甚至可以让美国海军"死在水里"。

二是与军事力量有密切联系的支撑行业，如"能源""工业产品"等，涉及此类行业较多的报道一般较为关注中国军事及国防工业的发展问题。譬如英国《简氏防务周刊》等西方媒体较多关注了"十三五"期间我国对军事、国防工业发展的新的规划，一方面认为，中国军事力量的提升构成了对日本、美国的挑战，另一方面也不得不同时承认中国军事工业善于"技术赶超"的创新实力。

三是"能源""电信服务""银行业""信贷业"等广义的服务性行业，提及这些行业的报道,新闻主题较为广泛,但大多关注中国与世界其他国家在军事及相关领域的合作问题。譬如,2017 年 8 月 4 日,法国《费加罗报》刊文介绍了中国和前法国殖民地吉布提的多领域合作,较为客观地指出,相关合作有效推进了吉布提的现代化进程。

值得一提的是,欧美国家媒体对我国军事力量的报道中航空产业和军事武器的提及率要高于非洲国家,非洲媒体在报道中将军事与港口、铁路、管道、机场等基础设施建造和药品、原油、天然气、矿石等生化能源产业结合,这说明在非洲国家媒体更多地将中国军事与中国援非项目联系在一起,报道更加凸显中非友谊。

(二)中国军队国际舆论形象报道的机构框架

由附图 3-3 可见,联合国安全理事会、联合国和联合国大会在全球媒体有关中国军事报道机构框架中分别排名第一、第二和第十三。联合国是当今世界最重要的国际组织,在维护世界和平、促进全球发展等方面扮演不可或缺的角色。中国向来支持联合国在相关国际事务的协调与处理中发挥积极作用,并积极参与联合国主导的国际军事合作,在这个意义上,全球媒体较多地把中国和联合国放在一起报道,正体现出中国在联合国维和行动等军事合作中的参与度和影响力。

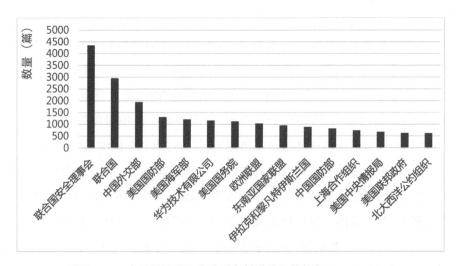

附图 3-3　中国军队国际舆论形象报道的机构框架(2017—2018)

　　在前十五个机构中,美国有五大机构被提及,分别为美国国防部、海军部、国务院、中央情报局和联邦政府,成为被提及频率最高的国家。美国是世界上综合国力、军事力量最强的国家,在世界各地都有军事力量的部署,维护自身全球霸权地位的诉求十分强烈。全球媒体在报道中国军事时频繁提及美国机构,既说明中国军事力量的强大引起了美国等西方国家的重视,也说明在当前及今后相当长的一段时间里,美国将成为从外部塑造中国军队形象的重要因素。

　　(三)中国军队国际舆论形象报道的人物框架

　　通过对中国军队国际舆论形象报道人物框架的考察,可以发现,全球媒体最常提及的人物大致包括三类。其一是中国党政军领导人物,其二为美国、俄罗斯政府首脑和高级官员,其三为亚洲邻国政府首脑。在提及最多的 10 位高层人物中,美国上榜人数最多,占据了 6 席,这再次表明美国十分注重从自身利益出发,塑造中国军队的国际形象。东亚邻国,特别是朝鲜、韩国领导人同时上榜,这再次说明,半岛事务、区域关系是影响中国军队形象国际传播趋势的重要因素。

第三节　结论与建议

一、加强顶层设计,建立军队形象传播联动机制

　　从 2009 年开始,以《2009—2020 年我国重点媒体国际传播力建设总体规划》的发布为标志,加强国际传播能力和对外话语体系建设,成为我国党和政府的一项重要工作。十年来,在传播技术与传播渠道建设等硬件层面方面,我国国际传播能力建设成绩显著,不过,在预警应对机制、话语体系等软件层面,我国与国际领先水平的差距仍十分明显。

　　21 世纪以来,美国、日本等发达国家、北约等西方军事组织,都陆续建立基于"一系列的部门联动机制"[①]的战略传播运行机制。譬如,在中日钓鱼岛争端中,日本政府建立了"外务省、内阁府政府公关室、防务省、文部科学省、国土交

---

① 史安斌,王曦.从"现实政治"到"观念政治"——论国家战略传播的道义感召力[J].人民论坛·学术前沿,2014(24):16-25.

通省等机构都参与的领土宣传体制",把"军事、外交、外宣、国土海洋"等各方面的资源都整合进自身主张的国际传播中①。与此相对,在应对国际舆情不利局面时,我国应对不同主体间互相配合、声气相通的"协同"能力则较为欠缺。有鉴于此,我国应基于战略传播的理念,加强中国军队形象国际传播的顶层设计工作,成立军队、外交、宣传、智库等相关部门参与的联席工作会议及相应的协调机制,整合相关资源,统筹安排与军队形象国际传播有关的工作。

二、强化互联网思维,提升中国军队形象的亲和力

随着数字技术、信息技术、通信技术的迅猛发展,基于互联网的新兴媒体、融合媒体在全球新闻流通、信息流动中扮演的角色愈加重要。习近平总书记多次强调,要"运用信息革命成果……做大做强主流舆论"②,显然,强化互联网思维,实现全媒体覆盖,也应该是我国军队形象国际传播能力建设的题中应有之义。

譬如,作为宣传本国军队形象的重要平台,美国国防部网站十分善于通过网页版式、报道体裁、内容生产等多个环节,营造多元、立体的美国军队形象③,充分显示出美国利用新媒体技术及内容生产特性,服务于军事形象宣传的能力,值得我国国防及军事管理部门学习借鉴。

此外,虽然美国国防部曾出于安全的考虑,禁止美国军人通过国防部网络连接个人社交媒体,但这一规定很快就被废止④。目前,美国国防部把国际社交媒体作为美国军队全球宣传的重要平台,不仅在 Facebook,Twitter,YouTube,Flickr 等新媒体平台上运营多个组织账号,还鼓励美军将领和士兵通过这些平台"讲述自己的故事",从而,"每一个使用日志、微博和 Facebook 社交媒体"的美军官兵,都成为其所在部队的"形象大使",从而构筑了美国军队"全民"社交媒体传播格局⑤。

---

① 赵新利.战略传播视角下的日本领土宣传体制[J].青年记者,2018(04):82-83.
② 王雅婧.我们所面临的全媒体传播[N].中国纪检监察报,2019-04-22(005).
③ 齐莹,支丹,李成兵.基于对比的中国军队形象构建研究——以中美两国国防部网站为例[J].新闻传播,2017(03):19-21.
④ 焦新平.从社交媒体使用变化看美军战略传播[N].科技日报,2014-07-22(012).
⑤ 王鹏.美军对社交媒体又爱又恨[N].中国青年报,2012-12-14(010).

有鉴于此,我国不仅应加强各个层级涉军网站建设,通过加强网站设计感、增强新闻内容融合性等方面,提升网站的知名度和影响力,还应该根据实际情况,把社交媒体管理与使用列为中国军队宣传体系的重要环节,积极在相关国家有影响力的社交媒体平台上开通账号,把生动活泼、形式多样的涉军内容直接传播到各国民众那里去,提升我军形象的亲和力和感召力。

三、发展人工智能技术,加强涉军舆情监测和预警

当前,人工智能成功突破"不能用""不好用"的瓶颈,与新闻舆论生产和监测的融合日益深入,大数据、智能化成为"未来传播模式创新的核心逻辑"[1],也构成了"未来国际传播体系布局"[2]的关键环节。

从互联网诞生之日起,美国等西方发达国家就确立了以"技术牵引"为基本导向的涉军舆情监测与管理理念。近来,大数据与人工智能的发展更有效提升了相关国家涉军舆情监管的效力,"舆情分析系统越来越自动化和智能化""舆情管控体系……逐渐走向'精确制导'"[3]。相对而言,虽然我国也采取了一些技术措施,加强涉军网络舆情的分析与研判,但在舆情应对的时、度、效等方面都有所欠缺。因此,在军队形象危机管理方面,我国应紧抓人工智能发展重要机遇期,建立涉军负面舆情监测、舆情、分析、研判一体化智能舆情监控体系,抢占塑造我军形象国际话语权的制高点。

四、提升军事文化产品竞争力,增强形象传播"软力量"

在全球知识经济时代,文化产品国际贸易"不仅是拉动世界经济发展的重要动力,也是世界各国推动自身文化、价值观乃至意识形态在全球范围内广泛传播的重要载体"[4],由此,提升文化产品国际竞争力,也就成为各国加强国际传播能力建设、竞争国际话语权和影响力的重要途径。

---

① 喻国明,兰美娜,李玮.智能化:未来传播模式创新的核心逻辑——兼论"人工智能+媒体"的基本运作范式[J].新闻与写作,2017(03):41-45.
② 胡正荣.国际传播的三个关键:全媒体·一国一策·精准化[J].对外传播,2017(08):10-11.
③ 王萌,曾楚枫.美国网络舆情管控刍议[J].西安政治学院学报,2014,27(03):73-75.
④ 王大可,张云帆,李本乾.中国传媒出版产品出口贸易影响因素研究——基于"一带一路"沿线代表性国家的检验[J].文化与传播,2019,8(01):68-73.

　　长期以来,美国国防部门与好莱坞深度合作,持续推出全球热播的军事题材影视作品如《中途岛》《拯救大兵瑞恩》《洛杉矶之战》《血战钢锯岭》,积极渲染美国军事力量的强大、政治理念的崇高以及普通士兵的人性与人情,以至于美国方面有人公开宣称"美国最能干的驻外大使"[①]。除了电影,美国还开发出《战地》《美国军队》等以美国军队作战行动为原型的电子游戏,并组织相应的游戏竞赛予以推广。在数字化生存时代,虚拟世界与现实世界间存在相互生产的关系,可以想见,长期浸淫于美国军事电影、军事游戏等军事文化产品的全球年轻一带,"将更容易接受并认可"其中"塑造的美军形象。"[②]

　　近年来,我国也推出了《战狼2》《红海行动》《空天猎》等有广泛影响力的军事题材电影,但总体而言,此类文化产品的数量还不够丰富。因此,我国应加强对全球军事文化产品市场的调研,提升军事文化产品的制作技术,利用我国丰富的军事文化资源,打造有全球竞争力的军事文化品牌和产品,拓宽中国军队形象国际传播的渠道,夯实中国军队形象国际传播的"软力量"。

---

① 张文珍.全球化背景下中国文化产品走出去的应对思路[J].东岳论丛,2015,36(06):129-133.
② 高思远.以军事文化产品为牵引塑造我军国际形象[J].军事记者,2017(11):47-49.

参考文献

中文文献

[1] 明安香. 传媒全球化与中国崛起[M]. 北京:社会科学文献出版社,2008.

[2] 刘康著. 文化·传媒·全球化[M]. 南京:南京大学出版社,2006.

[3] 沈晶晶.西方媒体看中国跨国企业:企业形象建构范式研究[M]. 北京:中国传媒大学出版社,2021.

[4] 信莉丽. 全球化语境下社会化媒体对国家文化安全的影响:基于境外媒体新浪微博账户的研究[M]. 济南:山东人民出版社,2018.

[5] 曹慎慎. 互动与融合:全球化视野下的中国电视与网络媒体[M]. 北京:中国社会科学出版社,2015.

[6] 周庆安. 超越有形疆界:全球传播中的公共外交[M]. 北京:中国传媒大学出版社,2018.

[7] 葛岩,赵海,秦裕林,等.国家、地区媒体形象的数据挖掘——基于认知心理学与计算机自然语言处理技术的视角[J].学术月刊,2015,47(07):163 - 170.

[8] 陈青文.语言、媒介与文化认同:汉语的全球传播研究[M]. 上海:上海交通大学出版社,2013.

[9] 史文静. 城市传播:形象话语与数据分析[M]. 杭州:浙江大学出版社,2022.

[10] 李莹."一带一路"倡议下中国城市形象与城市文化的构建[M]. 北京:中国水利水电出版社,2019.

[11] 潘文年.中国出版业"走出去"研究[M]. 南京:南京大学出版社,2018.

[12] 谭宇菲.北京城市形象传播[M].北京:社会科学文献出版社,2018.

[13] 黎宁.互联网时代的城市文化传播与形象构建[M].长春:吉林出版集团股份有限公司,2018.

[14] 胡智锋,刘俊.主体·诉求·渠道·类型:四重维度论如何提高中国传媒的国际传播力[J].新闻与传播研究,2013,20(04):5-24+126.

[15] 赵学军.中国图书出版机制研究[M].北京:中国书籍出版社,2018.

[16] 何国平.城市形象传播:框架与策略[J].现代传播(中国传媒大学学报),2010,No.169(08):13-17.

[17] 张毓强,潘璟玲.国际传播的实践渊源、概念生成和本土化知识构建[J].新闻界,2021(12):41-55.

[18] 徐体义,等."走出去"传播中国声音:区域性国际合作传播能力建设探究[M].北京:人民出版社,2016.

[19] 徐剑.构筑中国文化强国形象的全球识别系统[J].上海交通大学学报(哲学社会科学版),2022,30(04):77-89.

[20] 史安斌,童桐.从国际传播到战略传播:新时代的语境适配与路径转型[J].新闻与写作,2021,No.448(10):14-22.

[21] 吴晓虹,曾庆香.行动者网络理论对符号理据性的微观解释——城市形象认知的批判路径[J].编辑之友,2023,No.318(02):80-85+91.

[22] 唐磊.深圳国际城市形象:域外"专家意见"与"大众感知"[J].深圳大学学报(人文社会科学版),2020,37(02):41-49.

[23] 韩瑞霞.城市国际形象全球公众评价差异的媒介影响机制——以"上海文化"为例[J].新闻大学,2023,No.203(03):90-103+122-123.

[24] 薛可,李柔.非物质文化遗产数字信息对受众城市认同的影响——基于新浪微博的实证研究[J].现代传播(中国传媒大学学报),2020,42(11):19-26.

[25] 薛可,栾萌飞.中美新闻框架下的上海形象建构——基于《纽约时报》与《中国日报》的对比研究(2007-2016)[J].新闻记者,2017,No.409(03):63-70.

外文文献

[1] Hastings S K . Global networks : computers and international communication [J]. Information Society，1995，46(9):708–710.

[2] Kamalipour Y R，Anokwa K，Lin C A，et al. International communication: concepts and cases[M]. Berlin: Springer，2003.

[3] Dulek R E，Fielden J S，Hill J S . International communication: An executive primer[J]. Business Horizons，1991，34(1):20–25.

索 引